軽井沢ハイク

軽井沢の周辺散策と浅間山を展望する低山ハイク

HIKING
IN
KARUIZAWA
GUIDE
BOOK

軽井沢に
遊びに来てね！

山と溪谷社

CONTENTS

6 ·········· 軽井沢周辺の歴史と文学散歩

●カバー写真
表：湯川沿いの小瀬林道、白糸の滝への道（信濃路自然歩道）／高橋郁子　　裏：天丸山への登山道から浅間山を展望、千ヶ滝／高橋郁子

本書の使い方

本書で紹介するコースはすべて日帰りです。初心者でも歩けるコースを中心に紹介していますが、なかには健脚向きのコースもあります。駅から歩き始めるコース、駅からバスなど公共交通機関で登山口へ移動できるコースが多く（一部マイカー利用もあり）、周辺の立ち寄りスポットも紹介していますので、お役立てください。

コースガイドの見方

コースを選ぶうえで参考になる指標を紹介します。歩行タイムや距離、累積標高などは取材時にGPSで計測した実測を基準に記載していますが、データはあくまで目安です。ご自身の体力や経験に合わせてコース選びをしましょう。

1 山歩きの参考になる指標

歩行タイム

スタートからゴールまでの歩行タイムの目安です。休憩や食事の時間は含まれていません。

歩行距離

スタートからゴールまでの歩行距離の合計です。距離が短くても下記の累積標高差の数値が高いと難度は上がります。

累積標高差

スタートからゴールまでの標高差を合計した数値です。山頂の標高が低くても、アップダウンが多いコースでは数値が高くなり、体力の要るコースになります。

難易度

歩行タイム、歩行距離、累積標高差を基にコースの難易度を3段階に分けています。

初級 ★☆☆

歩行時間は3時間程度。初心者やファミリーにおすすめのコース。

中級 ★★☆

歩行時間は4時間程度。コース途中に急な登りや下り、岩場など注意を要する場所があるコース。

上級 ★★★

本書のなかでも歩行距離が長く、アップダウンも多い健脚向きのコース。

2 コースポイント

コース中の主要な通過点をピックアップ。ポイント間の歩行時間の目安にしてください。

3 ヤマタイムでルートチェック！

QRコードをスマートフォンで読み取ると「ヤマタイム」の地図が表示されます。青い線が本書の紹介コースです。会員登録（無料）すると「登山計画書」の作成や「GPXデータ」をダウンロードして、各種地図アプリにコースのログを取り込むこともできます。

●本書とヤマタイムでは地図の内容が一部異なることがあります。

※画像のレイアウトは変更する場合があります

立ち寄りスポット

コースガイドと合わせて、登山前後に立ち寄りたいおすすめの場所やお店の情報を紹介しています。

コースマップの見方

コースガイドには紹介コースの概略図を掲載しています。登山口などわかりにくい箇所もあるので、地図に記載のポイントを確認しましょう。

1 アクセス

スタート・ゴール地点や駅やバス停を紹介しています。ここから登山口までは徒歩でアクセスします。

2 コース中の風景

コース上で見られる風景の写真。写真の番号はコース線上の番号に対応しています。

3 チェック！

コースを歩く際に知っておきたい情報や立ち寄りスポットを紹介しています。

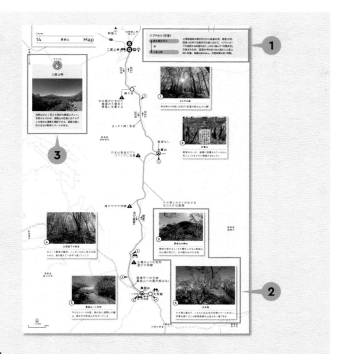

マップの記号・アイコン例

コースルート	線路	登山道
舗装路		河川・池

▲ 山頂	➡00分 ポイント間の歩行時間	👥 公衆トイレ コース中にトイレがない山もある
⑤ スタート地点	① 写真の番号 各写真を撮影した位置を番号で示す	🍷 バス停
⑥ ゴール地点	展望スポット 展望台や見晴らしのよい撮影スポット	立ち寄りスポット 掲載されている店舗の位置
登山口（下山口）	✳ 花マーク コース中に見られる花	卍 寺
○ コースポイント	⚠ 注意マーク 急登や岩場など歩行に注意する場所	⛩ 神社

道標を確認しながら歩きましょう！

● 本書に記載の地図情報、交通機関情報、店舗情報、各種料金などのデータは2024年4月時点のものです。発行後に変更になる場合があります。事前に確認しましょう。また、各種料金は消費税込みの料金です。

明治時代に鉄道や新道が開通すると
衰退の一途をたどった宿場町、軽井沢。
しかし、外国人に避暑地として見いだされ
文学者が避暑に訪れると
国内有数のリゾート地として発展を遂げた。
そんな軽井沢の歴史を巡る
散策に出かけてみよう。

軽井沢で最も古い教会「軽井沢ショー記念礼拝堂」（P14）

軽井沢周辺の歴史と文学散歩

N
1:100,000
0 ———— 2km

群馬県
嬬恋村

万座温泉へ
草津へ
大学村
235
146

鬼押出し園・

天丸山
1344 ▲

・浅間牧場

鬼押ハイウェイ
浅間白根火山ルート

小浅間山
▲1655

白糸の滝 ⌒
白糸ハイランドウェイ

黒斑山
▲2404

浅間山
▲2568

峰の茶屋 ⟶
146

車坂峠

小諸市

千ヶ滝 ⌒

長野県
軽井沢町

チェリーパークライン

石尊山
▲1668

小瀬林道
湯川
軽井沢・
野鳥の森
星野
中軽井沢駅

御代田町

濁川

信濃追分駅

塩沢湖
湯川
泥川

80

18

157

小諸ICへ
上信越自動車道
134

137

しなの鉄道

御代田駅

JR北陸新幹線

02 中軽井沢文学逍遥
P20

軽井沢周辺の
歴史と文学散歩
インデックスマップ

東吾妻町

長野原町

浅間隠山
▲1757

魚止めの滝

浅間大滝

二度上峠

54

高崎市

05 草軽電鉄廃線跡散策
P48

鼻曲山
▲1655

竜返しの滝

小瀬

三笠

03 古道、中山道を歩く P36

中山道

霧積湖

旧碓氷峠

JR北陸新幹線

56

133

旧軽井沢

18

碓氷湖

▲ 離山
1256

雲場池

04 アプトの道を歩く
P42

224

碓氷峠

上信越自動車道

軽井沢駅

01 軽井沢駅前歴史散歩 P10

18

JR信越本線

横川駅

碓氷川

43

18

入山峠

群馬県
安中市

92

碓氷軽井沢ICへ

01 | 軽井沢駅前歴史散歩

四季折々の景色が美しい雲場池を巡り、
軽井沢を愛した人物ゆかりの地を散策。
高原の避暑地らしさを満喫できるコース。

おしゃれなイメージの
軽井沢らしい駅舎。中
には観光協会があり、
地図などを入手可能

↓しなの鉄道軽井沢駅舎は、レトロモダンな雰囲気

↓苔むした庭が美しい室生犀星記念館

ヤマタイムで
ルートチェック！

| 歩行タイム …… 約3時間10分 | 難易度 ……… 初級 ★☆☆ |
| 歩行距離 ………… 約12km | 累積標高差 ……… 約284m |

軽井沢本通りにあった
木彫りのリス？

室生犀星文学碑の
そばにある石像

● コースポイント

- 0:00 軽井沢駅
- 0:20 雲場池
- 1:30 旧三笠ホテル
- 1:55 旧軽ロータリー
- 2:10 軽井沢ショー記念礼拝堂
- 2:15 室生犀星文学碑
- 2:40 万平ホテル
- 3:10 軽井沢駅

しなの鉄道
軽井沢駅の看板

消火栓の蓋に
描かれた消防車

雲場池、旧三笠ホテル、軽井沢ショー記念礼拝堂など、軽井沢の自然や歴史を語る上で欠かせないスポットを巡るコース。緑が美しい別荘地や森の中の小道は、歩いているだけで心身がリフレッシュされる。

軽井沢駅から歩きだし、東雲交差点を左折すると、気持ちのよいモミ並木。「スワンレイク」とも呼ばれる雲場池は、水面に木々が映る人気スポット。

その水源となっている御膳水を巡り、さらに三笠通りに入り北上する。この通りは上下線で段差があるが、高いほうは草軽電鉄の軌道跡だ。重要文化財に指定されている旧三笠ホテルは、耐震工事中で見学はできない。工事後の再開館は、令和7年夏ごろの予定。旧三笠ホテルか

食べ歩きができるお店が
並ぶ旧軽銀座

ら旧軽ロータリーをめざすが、疲れたらバスも利用できる。

にぎやかな旧軽銀座には、老舗のベーカリーやお土産ショップなどが並ぶ。約750mあるので、

カラマツ並木の美しい三笠通り

ゆっくり好みの店を探しながら歩くのが楽しい。通りの端には宿場町の名残を残すつるや旅館があり、その先には軽井沢ショー記念礼拝堂とショーハウス記念館がある。室生犀星文学碑まで来たら歩いてきた道を南下し、室生犀星の別荘であった記念館へ。一見すると地味だが、美しい苔庭と日本家屋は、実に趣がある。さらに10分ほど歩いて万平ホテルへ。ジョン・レノンの愛したというカフェテラスで休憩するのも悪くない。

最後は、せせらぎを聞きながら、「ささやきの小径」で駅へ戻ろう。

昭和11年建設の旧スイス公使館

なぜ軽井沢は日本を代表するリゾート地となったのか
外国人宣教師が見いだした
避暑地「軽井沢」

シンプルな木造建築が落ち着いた雰囲気を醸し出しているショーハウス記念館

「屋根のない病院」と讃えられた自然豊かな風土

　江戸時代には中山道の宿場町として栄えた軽井沢（旧軽井沢）であったが、明治時代になると碓氷新道や鉄道の開通によって衰退の一途をたどった。しかし、1886（明治19）年にカナダ生まれの宣教師であったアレキサンダー・クロフト・ショーが酷暑の東京を逃れて、たまたま軽井沢を訪問。その清涼な気候に感激し、翌年に家族を伴って軽井沢を訪れ、夏の間だけ生活するようになった。そんな軽

井沢の環境をショーは、「屋根のない病院」と呼んだ。この出来事が「避暑地」としての軽井沢の始まりといわれている。

　そして彼は、1888（明治21）年に「つるや」（現在のつるや旅館）の主人の斡旋で旧軽井沢の大塚山に別荘を建設。これが軽井沢の別荘第1号であった。この別荘は、軽井沢ショー記念礼拝堂横に1986（昭和61）年に移築復元され、ショーハウス記念館として現存している。

←大正4年の旧軽商店街

多くの政治家や文化人などに愛された軽井沢

ショーが別荘を建てたことで避暑地として注目された軽井沢。彼の紹介で外国人の別荘が増えると、1906（明治39）年に「軽井沢の鹿鳴館」と呼ばれた三笠ホテルが開業。外国人からは「山の軽井沢、湖の野尻湖、海の高山（宮城県）」と称され、「日本三大外国人避暑地」のひとつに数えられた。なかでも軽井沢は、ほかの2地域とは異なり日本人に開放的だったため、第一次世界大戦の好景気も重なり日本人富裕層も多く訪れるようになった。

こうして避暑に訪れる人が増えたことで、軽井沢の中心である旧軽井沢商店街は「軽井沢銀座」と呼ばれるほどのにぎわいを見せたほか、テニスコートや乗馬場、ゴルフ場などのレジャー施設がどんどん作られていった。

しかし、このような環境の変化を好まない人たちもいた。質素で静かな暮らしを求めた外国人たちによって「軽井沢避暑団」が結成され、「飲む、打つ、買う」といった風俗営業を認めない「軽井沢憲法」が生まれた。現在も受け継がれている軽井沢の上品で洗練されたリゾート地としてのイメージは、このころに生まれた理念を受け継いでいるといえよう。

また、日本離れした異国情緒が漂う軽井沢は、多くの文学者や芸術家も魅了した。芥川龍之介や萩原朔太郎、室生犀星なども訪れ、特に『風立ちぬ』を著した堀辰雄は、軽井沢を生涯愛したことで知られる。

明治初期から外国人と日本人が交流したコスモポリタン的雰囲気をもち、多くの作家たちが理想郷として描いた軽井沢は、今でも世界中の人を魅了してやまない。そんな日本有数のリゾート地には、国内外合わせて年間850万人以上の人が訪れている。

明治24年に芭蕉句碑の前で記念撮影をする外国人

現在もショー記念礼拝堂の向かいにある芭蕉句碑

立ち寄りスポット

Course 01

フォトジェニックな建築物を巡る

旧軽井沢エリア

レトロな西洋建築の建造物が多い旧軽井沢。
緑の木立の中に立つホテルなどは
まるで大正から昭和に
タイムスリップしている感覚にさせてくれる。

旧軽銀座の喧騒を離れた場所に立つ

記念館の内部にはショー愛用のインテリアも展示

軽井沢の恩父といわれる
ショーゆかりの教会

軽井沢ショー記念礼拝堂
ショーハウス記念館

木立の中に厳かに佇む軽井沢最古の教会。礼拝堂の原形は
1895（明治28）年に建てられた。原則として日中は開放さ
れているので誰でも礼拝が可能。彼が使っていた別荘も、
礼拝堂の隣にショーハウス記念館として1986（昭和61）年
に移築復元されて、無料で見学できる。

軽井沢町軽井沢57-1
☎0267-42-4740

シャンデリアなど当時最先端の設備が整っていた

「軽井沢の鹿鳴館」と呼ばれ、
政財界の著名人が
訪れたホテル

旧三笠ホテル

1906（明治39）年の開業以
来、リゾートホテルの先駆
けとして渋沢栄一や乃木希
典などの著名人も利用。
1970（昭和45）年にホテル
としての営業に幕を下ろす
と、国の重要文化財に指定
された。令和7年の夏ごろ
まで改修工事のため休館。

軽井沢町軽井沢1339-342
☎0267-42-7072
改修工事の期間は
☎0267-45-8695
（軽井沢町生涯学習課文化振興係）まで

すべて日本人の手によって建築された

独身時代の上皇后さまも利用したという

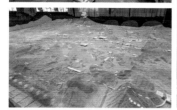

2階には鉄道ミニ博物館もあるので見てみよう！

1階の展示スペースでは、地形模型を展示

レトロな建物は、旧軽井沢郵便局のものを転用している

観光情報の入手はもちろん
休憩スポットとしても利用できる

軽井沢観光会館

軽井沢の観光や宿泊情報を入手できる案内所。館内には更衣室を完備した有料トイレや有料コワーキングスペースもある。休憩できるイスも用意されているので、散策やショッピングの途中で疲れたときに立ち寄ることもできる。

軽井沢町軽井沢739-2　☎0267-42-5538

山岳リゾートらしいレトロモダンな木造建物

館内のインテリアもフォトジェニック

ジョン・レノンが
こよなく愛した
日本を代表する
クラシックホテル

万平ホテル

外国人が軽井沢に訪れたことをきっかけに、明治時代に誕生したクラシックホテル。ジョン・レノンや日本アルプスを世界中に広めたウェストンなど著名人が宿泊したことでも知られる。2024年にリニューアルオープンが予定されている。

軽井沢町軽井沢925
☎0267-42-1234

ジョン・レノンが好きだった名物アップルパイ

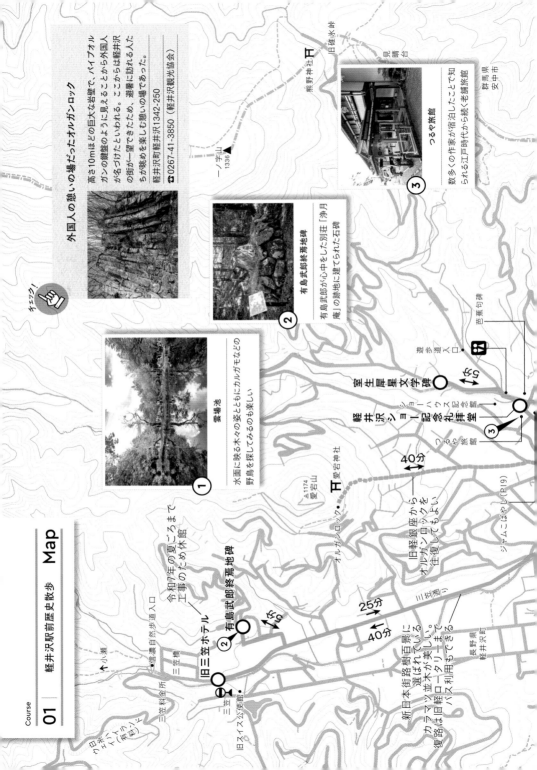

チェック！

外国人の憩いの場だったオルガンロック

高さ10mほどの巨大な岩壁で、パイプオルガンの鍵盤のように見えることから外国人から名づけたといわれる。ここから軽井沢の街が一望できたため、避暑に訪れる人たちが眺めを楽しむ憩いの場であった。

☎0267-41-3850（軽井沢観光協会）

軽井沢町軽井沢1342-250

一ノ字山
1336▲

熊野神社 ⛩
旧碓氷峠

見晴台

つるや旅館

数多くの作家が宿泊したことで知られる江戸時代から続く老舗旅館

群馬県
安中市

③

芭蕉句碑

遊歩道入口

室生犀星文学碑 ○

軽井沢ショー記念礼拝堂
つるや旅館

③

②有島武郎終焉地碑

有島武郎が心中をした別荘「浄月庵」の跡地に建てられた石碑

△1174
愛宕山

⛩ 愛宕神社

40分
↕

①雲場池

水面に映る木々の姿とともにカルガモなどの野鳥を探してみるのも楽しい

三笠
旧三笠ホテル

三笠橋
信濃自然歩道入口

令和7年の夏ごろまで工事のため休館

三笠料金所

↙小瀬
日米エイペ（有料）↗

②有島武郎終焉地碑
↕

旧三笠ホテル

三笠
旧スイス公使館

オルガンロック

ジャムこばやし（P19）

旧軽銀座からオルガンロックを往復してもよい

40分
↑

25分
↕

旧軽井沢
三笠通り

新日本街路樹百景に選ばれているカラマツ並木が美しい。復路は旧軽ロータリーまでバス利用もできる

長野県
軽井沢町

室生犀星記念館

室生犀星が亡くなる前年まで過ごした旧宅。木造平屋建ての素朴な日本家屋は風情がある

④

ささやきの小径

堀辰雄の小説『美しい村』にもしばしば登場する道。アカシア並木が�(作)出す木漏れ日が美しい

⑤

1:16,000
0 ———— 200m
N

碓氷峠・八木・安中榛名駅

旧軽銀座は、通り沿いにベーカリーやレストラン、ドラッグなどが立ち並ぶ

室生犀星記念館から軽井沢ユニオンチャーチや軽井沢会テニスコートに立ち寄ってもよい

18

アカシア並木が美しい小径は、「ささやきの小径」や「サウンドブリッジレーン」とも呼ばれる

⑤ ➤ 30分

○ 万平ホテル

室生犀星記念館
← 10分

10分 →

沢屋旧軽井沢店(P19) ⌐

④
○
⑤

軽井沢ユニオンチャーチ
軽井沢観光会館

御影用水

⌐ 中山のジャム(P19)
聖パウロカトリック教会
軽井沢彫
軽井沢

1分

旧軽ロータリー

矢ヶ崎公園
P
P
軽井沢安東美術館

軽井沢駅
S G
P

軽井沢プリンスショッピングプラザ

(旧ゴルフ通り)

御膳水
○ ← 20分

一周約20分なので、一周回しても楽しい

雲場池通り
六道の辻

東雲交差点
○ ← 10分

軽井沢本通り

10分

10分

雲場池
①

ゴミ箱は設置されていないので注意。野鳥への餌やりは禁止されている

軽井沢書店(P86)
⌐

しなの鉄道
JR北陸新幹線

中軽井沢駅 ← 佐久平駅

晴山ゴルフ場

18

外国人から伝わり発展した
軽井沢の食文化

↑ジャムこばやしは青果店からスタートした

昭和40年代の沢屋の旧軽井沢店。外国人を意識してか、看板は英語表記

避暑地として注目され、多くの外国人が暮らすようになったことで、軽井沢には西洋の食文化が伝わった。明治時代には軽井沢初のパン屋が創業。ティータイムの文化が知れわたると、ホテルではコーヒー、紅茶、トーストなどが振る舞われた。また、明治から大正初期にかけて軽井沢には牧場があり、

大正に入ると牛乳や食肉を販売する店舗も存在したという。このころすでに牛乳が飲まれ、ハムやソーセージも作られるようになった。

そのほか、外国人から伝わった軽井沢を代表する食べ物では、ジャムも有名だ。明治から続く老舗の専門店があり、自宅用やお土産用として今も人気が高い。

軽井沢グルメのマリアージュをいただこう!

屋外で食べると
おいしさアップ

パンやハム、ジャム、チーズなど、軽井沢の地元グルメはどれも相性抜群。試しに、半分に切ったパンに好みの食材をサンドすれば、簡単に軽井沢の食文化を満喫できるサンドイッチの出来上がりだ。オリジナルの組み合わせを考えて、ハイキングを楽しみながら景色とともに味わってみよう。

軽井沢を代表するジャムの御三家＆各店舗オススメ商品３選

明治38年創業の最古参
中山のジャム

外国人宣教師から学んだ
製法で、100年以上にわ
たりジャムを作り続けて
いる老舗。自家製のピク
ルスやサワークラウト、
ハチミツなども人気

軽井沢町軽井沢750-1
☎ 0267-42-7825

ブルーベリー

140g　702円

甘さは控えめ。ブルー
ベリーの繊細な甘味と
爽やかな酸味、柔らか
い粒感も楽しめる

コケモモ

140g　702円

蓋を開けると煮詰まっ
たコケモモの実がぎっ
しり。酸味の後から独
特の風味が広がる

オレンジマーマレード

140g　702円

オレンジの果実感を残
しつつ、ジャムはしっ
とり柔らか。甘味と苦
味のバランスが絶妙

果物本来の味を楽しめる
ジャムこばやし

モットーは果物の味を最
大限に引き出すこと。国
産の果物、グラニュー糖
やフルーツペクチン、レ
モン果汁など厳選した材
料を使用。昭和24年創業

軽井沢町軽井沢710
☎ 0257-42-2622

あんず

160g　540円

長野県のあんずを使
用。さっぱりした酸味
と落ち着いた甘味をダ
イレクトに味わえる

レーヌクロード

160g　756円

レーヌクロードは緑色
のプルーンの一種。力
強い酸味と深い甘味が
しっかり主張する

ブラムリー

160g　756円

ブラムリーは調理用の
青リンゴ。ソース状の
ジャムに爽やかな風味
が煮詰まっている

国産＆手作りが人気の秘密
沢屋

青果店として昭和27年に創業。顧客の要望か
ら新鮮な国産果物と砂糖のみで低糖度のジャ
ムを製造。すべて自社工場で手作りしている

旧軽井沢店
軽井沢町軽井沢746-1
☎ 0267-42-8411

ストロベリー

125g　864円

ジャムはまるでシロッ
プのよう。果肉が丸々
残る国産のイチゴの味
が凝縮されている

グースベリー

125g　702円

果実の和名は「すぐ
り」。あんずに近い酸
味があり、その奥に広
がる上品な甘味が美味

ルバーブ

125g　540円

ルバーブは外国人宣教
師が持ち込んだ葉野菜。
優しくもキリッとした
酸味と甘味を楽しめる

02 | 中軽井沢文学逍遥

四季折々の花が咲き誇る自然を満喫しながら
明治時代のレトロな建築物や文学者の別荘などを巡り、
最後は、軽井沢の名産品探しを楽しもう。

睡鳩荘[旧朝吹山荘]

ペイネ美術館[アントニン・レーモンド、国指定重要文化財]

深沢紅子 野の花美術館[明治四十四年館]

ヤマタイムで
ルートチェック！

歩行タイム ····· 約2時間15分	難易度 ········· 初級 ★☆☆
歩行距離 ·············· 約9.5km	累積標高差 ············· 約202m

● コースポイント

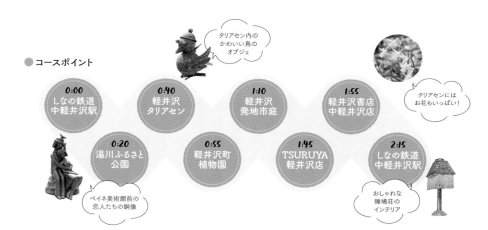

タリアセン内の
かわいい鳥の
オブジェ

0:00 しなの鉄道 中軽井沢駅

0:40 軽井沢 タリアセン

1:10 軽井沢 発地市庭

1:55 軽井沢書店 中軽井沢店

タリアセンには
お花もいっぱい！

0:20 湯川ふるさと 公園

0:55 軽井沢町 植物園

1:45 TSURUYA 軽井沢店

2:15 しなの鉄道 中軽井沢駅

ペイネ美術館前の
恋人たちの銅像

おしゃれな
睡鳩荘の
インテリア

　軽井沢タリアセンではレトロ建築と文学、軽井沢町植物園ではお花、農産物の直売所やご当地スーパーでは地元の名産品と、いろいろ満喫できるお楽しみ満載コース。ほぼ舗装路なので、スニーカーで気軽に散策できる。

　中軽井沢駅からは、湯川沿いをゆっくり歩きながら軽井沢タリアセンへ。塩沢湖を中心とした敷地内には、ペイネ美術館をはじめとする歴史的建造物やイングリッシュローズ・ガーデンなど見どころがいっぱい。時間をかけて見学したい。さらに、道路を挟んだ向かいの軽井沢高原文庫には、堀辰雄や野上彌生子の別荘も移築されているので、併せて見学しよう。軽井沢がいかに多くの文人たちに愛されてきたかが、よくわかる。

中軽井沢駅には、立派な
図書館も併設されている

軽井沢タリアセン→

　そのまま風越公園まで15分ほど歩くと、軽井沢町植物園に到着。ここは、約2万㎡の広い敷地に約150科1600種類余りの植物が植えられており、春から秋にかけて四季折々

ボートも楽しめる塩沢湖

の花が楽しめる。特に5月は、軽井沢町の町花である数万株のサクラソウが見事。さらに15分ほど南下すると、軽井沢発地市庭。地元で生産された農産物を中心に販売している直売所で、最盛期となる夏場は開店前から行列ができるほどの人気スポット。

　ここから北上して中軽井沢駅まで戻るが、途中にある長野県の大人気スーパーTSURUYA（P28）でお土産を購入していこう。時間があるなら、軽井沢書店中軽井沢店（P94）でお茶をするのも悪くない。

軽井沢町大字長倉217
☎ 0267-46-6161
休館日：無休（冬季は不定休）
料金：ミュージアムセット券
（入園料＋3館入館券）1600円

21

名だたる作家や詩人などが訪れ
この地を舞台に名作が誕生した

軽井沢が数多くの
文学者に愛された理由とは？

簡素な造りの堀辰雄の山荘。彼は4年間をここで過ごした

堀辰雄の山荘に比べると、おしゃれな造りの浄月庵

異国情緒あふれる雰囲気が文人の想像力を刺激

軽井沢は、明治末期から現在に至るまで多くの文豪たちに愛された。主な文人だけでも、芥川龍之介、川端康成、室生犀星、有島武郎、堀辰雄などが挙げられる。彼らが軽井沢に惹かれた理由のひとつが、日本とは思えないような西欧的な雰囲気だった。軽井沢を舞台として多くの作品を残した堀辰雄は、19歳のときに34歳の室生犀星に連れられて来軽。異国情緒あふれる空気に圧倒され、友人に次のような手紙を送っている。「みんな、まるで活動写真のやうなものだ、道で出遭うものは、異人さんたちと異国語ばつかりだ……ことに夜の主の彷徨は、たまらなくいい。」

その後、堀辰雄は毎年のように軽井沢を訪れるようになり、この地を舞台とした作品を次々と発表。彼の代表作ともいえる『風立ちぬ』は、高原の美しい情景と恋がテーマで、映画やテレビドラマにもなった。

また、堀を連れてきた室生犀星も軽井沢には欠かせないキーパーソンで、毎夏の3カ月を過ごすことを習慣にしていた。そして、自分の別荘を若い作家たちの集いの場として提供。立原道造、川端康成、志賀直哉ら多くの作家と交流を持った。

婚約者を肺結核で亡くす『風立ちぬ』は、実話に基づく

清涼な気候と豊かな自然、そして仲間との交流を求めて多くの文学者が集まった

文学者たちの交流が、多くの名作を生んだ

　軽井沢にゆかりのある文学者のことを知るには、軽井沢高原文庫に足を運ぶのが一番だ。明治から今日に至るまで軽井沢に関係する文学者約60人の資料などが閲覧できる。そのなかのひとり、有島武郎の別荘であった浄月庵が、軽井沢高原文庫の道路を挟んで向かいに立っている。

　1923（大正12）年6月9日の未明、武郎は愛人関係にあった中央公論社の記者、波多野秋子とこの別荘で情死。それは、堀辰雄が室生犀星に連れられて初めて軽井沢を訪れる約2カ月前のことであった。

　秋子の夫から「姦通罪で訴える」と脅迫されていた武郎は、7年前から毎年避暑に訪れていた軽井沢での心中を決意。8日深夜に軽井沢駅に着いたふたりは、駅の売店で傘を1本だけ購入し、土砂降りの雨の中を三笠ホテル近くにあった浄月庵まで3km余りを寄り添うように歩いたという（現在、浄月庵のあった場所には「有島武郎終焉地碑」が立ち、建物は移築された）。浄月庵は、現在1階が「一房の葡萄」という名のカフェ、2階が有島武郎記念室となっている。

　軽井沢を文学者たちが好んだ理由として、高原の爽やかな気候と異国情緒あふれる雰囲気のほかに、もうひとつ挙げるとしたら、同業者同士が頻繁にお互いを訪問するなどして文学について話し合える環境だったことがある。彼らの多くは、仕事と避暑を兼ねて夏の軽井沢にやってきて、豊かな自然と異文化を感じられる環境に刺激を受け、互いの交流を深めた。そのことが、軽井沢を舞台とする作品を生み、日本の近代文学を発展させる要因のひとつになったのであった。

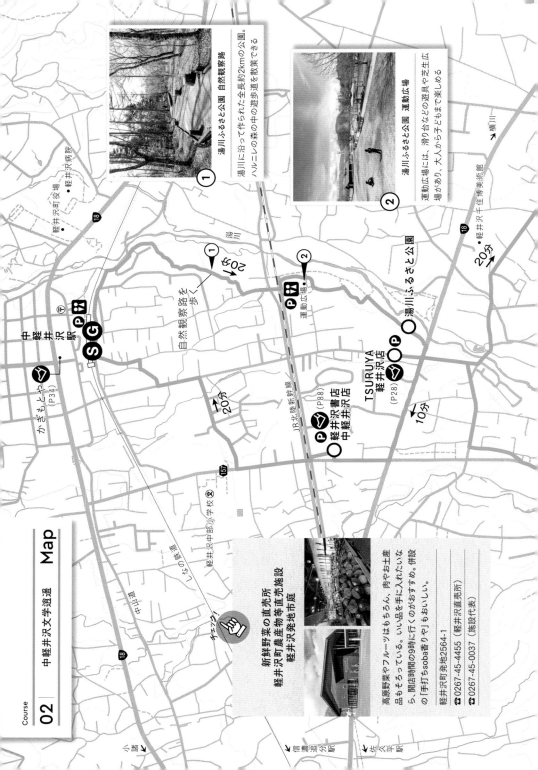

① 湯川ふるさと公園 自然観察路
ハルニレの森で作られた全長約2kmの公園。
湯川に沿って作られた全長約2kmの公園。
湯川ふるさと森の中の遊歩道を散策できる

② 湯川ふるさと公園 運動広場
運動広場には、滑り台などの遊具や芝生広
場があり、大人から子どもまで楽しめる

かぎもとや (P34)

中軽井沢駅

軽井沢町役場
軽井沢病院

自然観察路を歩く
20分

運動広場
20分

湯川

JR北陸新幹線

しなの鉄道

軽井沢中部小学校

中山道

軽井沢書店
中軽井沢店 (P88)

20分

15分

TSURUYA 軽井沢店 (P28)

湯川ふるさと公園

10分

軽井沢千住博物館

横川

チェック！

新鮮野菜の直売所
軽井沢町農産物等直売地市庭
軽井沢発地市庭

高原野菜やフルーツはもちろん、肉やお土産
品もそろっている。いい品を手に入れたいな
ら、開店時間の9時に行くのがおすすめ。併設
の「手打ちsoba庵りや」もおいしい。

軽井沢町発地2564-1
☎ 0267-45-4455（軽井沢直売所）
☎ 0267-45-0037（施設代表）

信濃追分駅

小諸

佐久平駅

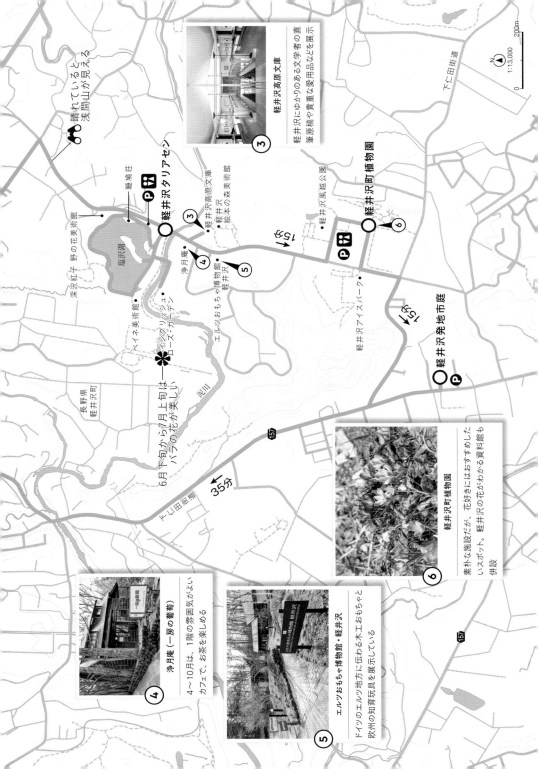

200m
N
1:13,000
0
下仁田街道

③ 軽井沢高原文庫
軽井沢にゆかりのある文学者の直筆原稿や貴重な愛用品などを展示

晴れていると浅間山が見える

睡鳩荘
P 🅧 軽井沢タリアセン
③ 軽井沢高原文庫
深沢紅子 野の花美術館
塩沢湖
●軽井沢絵本の森美術館
ペイネ美術館
④ 浄月庵
⑤ エルツおもちゃ博物館・軽井沢
イングリッシュ ローズ・ガーデン

←至 軽井沢

●軽井沢風越公園
P 🅧
⑥ 軽井沢町植物園

長野県 軽井沢町

●軽井沢アイスパーク

6月下旬から7月上旬はバラの花が美しい

湯川

下仁田街道

35分

157

←至 軽井沢
軽井沢発地市庭
P

157

⑥ 軽井沢町植物園
素朴な施設だが、花好きにはおすすめしたいスポット。軽井沢の花がわかる資料館も併設

④ 浄月庵（一房の葡萄）
4〜10月は、1階の雰囲気がよいカフェで、お茶を楽しめる

⑤ エルツおもちゃ博物館・軽井沢
ドイツのエルツ地方に伝わる木工おもちゃと欧州の知育玩具を展示している

清澄な自然とエキゾチックな街並みが
近現代の数々の名作を誕生させた

軽井沢に魅せられた文学者・画家たち

明治時代に外国人に避暑地として見いだされて以来、軽井沢には多くの文学者や画家などが訪れ創作活動に励んだ。それは、高原特有の爽やかな気候、ヨーロッパ的でエキゾチックな街の雰囲気、そして文学者同士が闊達な文学談議をする環境があったからであった。そして、軽井沢はさほど大きな街ではないにもかかわらず、近現代の文学の舞台となり、今も多くの読者をもつ名作が生まれた類まれなる場所となった。

 ◯ 文学者　● 画家

有島武郎
（1878〜1923）

『生れ出づる悩み』
『一房の葡萄』

1916年に初めて軽井沢を訪れて以来、ほぼ毎年避暑に来ていた。1923年に三笠にあった別荘「浄月庵」で雑誌記者の愛人と心中。

正宗白鳥
（1879〜1962）

『日本脱出』
『寂寞』

戦時中の疎開先として軽井沢を選んだ白鳥は、1957年まで軽井沢で過ごした。雲場池近くに彼が愛唱したギリシャ詩の歌碑がある。

北原白秋
（1885〜1942）

『落葉松』
『邪宗門』

星野温泉を訪れたときの散歩中にカラマツの芽吹きに感激し、4行8連の詩を詠んだ。白秋の詩碑も星野温泉の入り口に立っている。

与謝野晶子
（1878〜1942）

『瑠璃光』
『みだれ髪』

1921年に夫・鉄幹と明星館（現・星野温泉）を訪れた。星野温泉敷地内には、与謝野夫妻の自筆の歌碑が立っている。

志賀直哉
（1883〜1971）

『沓掛にて』
『暗夜行路』

志賀は、避暑のために軽井沢に向かう汽車の中で芥川の自殺を知った。『沓掛にて』は、軽井沢での芥川との思い出を書いたもの。

野上彌生子
（1885〜1985）

『迷路』
『真知子』

明治・大正・昭和を生き99歳まで現役で執筆を続けた。代表作の『真知子』の終章や『迷路』は、北軽井沢の山荘で執筆された。

写真：「近代日本人の肖像」（国立国会図書館）を加工して作成、軽井沢高原文庫

萩原朔太郎
（1886〜1942）

『月に吠える』
『青猫』

室生犀星とお互いに生涯の友と認め合う仲であったことから、彼の紹介で軽井沢に別荘を借りたり、「つるや旅館」に投宿をした。

室生犀星
（1889〜1962）

『杏っ子』
『聖処女』

31歳のときに初めて軽井沢を訪れ、42歳のときに別荘を建築。72歳で亡くなる前年まで、毎夏の約3ヶ月を軽井沢で過ごした。

芥川龍之介
（1892〜1927）

『或阿呆の一生』
『羅生門』

1924年とその翌年に「つるや旅館」に滞在。『軽井沢日記』には、室生犀星や堀辰雄、萩原朔太郎との交流が描かれている。

川端康成
（1899〜1972）

『高原』
『みずうみ』

1937年に英国人宣教師が帰国する際に別荘を購入。その後、夏から秋にかけて訪れ『高原』、『みずうみ』などの小説を執筆した。

堀 辰雄
（1904〜1953）

『美しい村』
『風立ちぬ』

室生犀星に誘われた軽井沢で女性と知り合い、婚約。しかし、彼女は肺病で入院し逝去。その体験を『風立ちぬ』として発表した。

立原道造
（1914〜1939）

『萱草に寄す』
『曉と夕の詩』

20歳の夏に初めて信濃追分に滞在し、旧家の孫娘に恋をする。その様子を詩誌『四季』に「村ぐらし」として発表し、文壇に初登場した。

朝吹登水子
（1917〜2005）

『悲しみよこんにちは』（翻訳）
『私の軽井沢物語』

サガンやボーヴォワールの翻訳で知られ、日本とフランスの文化の架け橋として活躍。睡鳩荘は、彼女が別荘として使用していた建物。

遠藤周作
（1923〜1996）

『沈黙』
『深い河』

慶応大学予科生のころに信濃追分に療養中の堀辰雄を訪問。その後は夏の仕事場として別荘を持ち、北杜夫や中村真一郎なども集った。

北 杜夫
（1927〜2011）

『楡家の人びと』
『夜と霧の隅で』

旧制高校のときから軽井沢に魅了され、後に複数の別荘に滞在。代表作である『楡家の人びと』も軽井沢で執筆したと回顧している。

深沢紅子
（1903〜1993）

『野の花』
『立てる少女』

洋画家として活躍する一方、1964年から約20年間、夏になると軽井沢を訪問。浅間高原に咲く多くの野の花を水彩で描き続けた。

立ち寄りスポット

軽井沢の大人気ご当地スーパー

TSURUYA ツルヤ

軽井沢に住んでいるセレブも
県外からのハイカーも
みんな大好きスーパーTSURUYA。
そんなTSURUYAのおすすめアイテムを紹介！

一度行ったら必ずハマる！

地元で食べられている本当においしいものが見つかる！ということでひそかなブームとなっている「ご当地スーパー」。そのなかでも注目を集めているのが、長野県を中心に約40店舗を展開するTSURUYAだ。

特に軽井沢店は、休日ともなると駐車場にクルマが行列するほどの大人気。その理由は、地場の商品を多数取り揃えているだけでなく、地元メーカーなどと共同開発したTSURUYAオリジナル商品が充実していること。特にジャムやドライフルーツなど、長野県産の果物を使ったアイテムは、一度食べたらクセになるおいしさだ。しかも品揃えも非常に豊富で、

「信州産ふじ りんごバター」や「信州産 川中島白桃」など50種類以上のジャムが、常時店頭に並んでいる。さらに、おいしいだけでなく、化学調味料や添加物が使われていないものが多いというのも消費者にとってはうれしいかぎりだ。また、値段に関しても土産物店などと比べるとリーズナブルなものが多くそろっている。「軽井沢のお土産を何にしよう？」と悩んだときは、迷わずTSURUYAをめざすのがおすすめ。ここではTSURUYAの魅力にどっぷりとハマったTSURUYAマニアのイチオシ商品を紹介したい。

軽井沢町長倉2707　☎0267-46-1811

パン＆パンのお供

湯だねの
旨み食パン

6枚　¥248

もっちりした食感で、噛むとほんのりと小麦の風味が鼻に抜ける。何もつけなくてもおいしいが、ツルヤのりんごバターとの相性が抜群。パンよりもご飯好きという人も騙されたと思って一度食べてほしい。（50代男性：ライター）

おやきパン（野沢菜）

¥107

長野県の郷土料理「おやき」をパンにアレンジしたもの。油で炒めた野沢菜は甘めの味付けで、しっとりとしたパンに合います。食べるときは、レンジで温めるとよりおいしいです。（30代女性：主婦）

ハニーナッツ

155g　¥431

アーモンド、くるみ、カシューナッツ、マカダミアナッツとタイ産のはちみつだけで作られていて、保存料無添加。パンやヨーグルトと一緒に食べると止まりません。（40代女性：会社員）

四季の香り りんごバター

140g　¥323

りんごバターは、ほかのスーパーでは見かけたことがなかったので買ったら、すごくおいしいのでビックリ！　お土産としても喜ばれるので、ツルヤに行ったら必ず購入します。（20代女性：編集者）

果実丸ごとジャム
信州産ふじ りんごバター

155g　¥431

果実を70％使用しているだけあって、りんごの果肉感たっぷり。糖度が40％と高いのにバターが入っているおかげですっきりとした甘さが特徴です。ぜひ焼いたパンのお供に！（30代女性：会社員）

MARUYAMA COFFEE
信州まつもとブレンド

110g　¥518

コーヒー通には知られる丸山珈琲ですが、ツルヤでしか買えないオリジナルブレンドがおすすめ。信州まつもとブレンドは、香りとコクが深く、酸味が抑えなので飲みやすい。（40代男性：カメラマン）

信州りんごジュース

750ml　¥367

酸味と甘味のバランスがよく、スッキリとした味わいが特徴。添加物が入っていないので、安心して飲むことができる。濁りを残した「混濁りんごジュース」も、同じくおすすめ。（60代女性：主婦）

ドライフルーツ＆お菓子

やわらか ドライフルーツ 輪切りレモン

50g　¥302

登山やハイキングなどをたしなむ方は、行動食にドライフルーツ商品がおすすめ。ドライなのにしっとりとしており、生のフルーツを食べているようなジューシーさが味わえる。（40代男性：編集者）

やわらかドライフルーツ ひとくち信州プラム

35g　¥302

プラムのドライフルーツなんて見たことがなかったので、試しに購入。口に入れると、ほどよい酸味のあとに爽やかな甘さが広がります。梅干し好きの人はハマると思います。（40代女性：デザイナー）

やわらかドライフルーツ 晩白柚（ばんぺいゆ）

50g　¥215

以前に熊本で食べた晩白柚がドライフルーツになっていたなんて！甘さだけでなく、ほんのりと鼻に抜ける苦味も、本当の果実を丸ごと食べているようで、おいしいです。（20代女性：会社員）

やわらかドライフルーツ シナノスイート

60g　¥302

りんご本来のもつ爽やかな甘味と酸味が感じられ、もっちりやわらかな半生食感がクセになります。そのまま食べるだけでなく、サラダに混ぜるのもおすすめです。（30代女性：YouTuber）

りんごかりんとう

100g　¥194

カリッとした軽い食感とりんごの甘酸っぱさの組み合わせで、気づくと1袋完食してしまうぐらい止まらないお菓子です。ほかにも牛乳、珈琲かりんとうも美味。（30代女性：YouTuber）

有機レーズンミックス※

110g　¥323

カラント、サルタナ、トンプソンの3種のレーズンがミックスされ、ブドウ好きにはたまりません。化学合成された農薬や肥料を使わないオーガニック栽培というのもうれしいです。（40代女性：会社員）

トレイルミックス

120g　¥302

アーモンドなどのナッツ類に加えマンゴー、クランベリーなどのドライフルーツが入っています。甘すぎず、しょっぱすぎず、カロリーも高いので登山の行動食に最適です。（40代男性：会社員）

お酒＆お酒のお供

信州高原地ビール（クリア）

350㎖　¥274

クラフトビールメーカーとしては最大手のヤッホーブルーイングとツルヤのコラボ地ビール。浅間山系の水と軽井沢産の小麦を使っているだけあり、ホワイトビールのような味わいが楽しめる。（50代男性：ライター）

信州辛口ワイン（赤）

720㎖　¥1099

信州産ぶどうを使用。ほどよい渋味がハンバーグやステーキなどの肉料理全般と相性がいいです。価格も1000円程度と手頃なので、普段使いできるのも気に入っています。（40代女性：主婦）

真澄純米吟醸 やわ風13

300㎖　¥604

長野県の有名な地酒「真澄」が、ツルヤとタッグを組んだPB商品。度数は13％と低めで、水のようなサラリとした味わいが、刺し身など素材の味を生かした料理にフィットします！（30代女性：会社員）

鯖オリーブオイル漬

100g（固形量65g）　¥215

ノルウェー産の脂ののったサバを伯方の塩に漬けて、オリーブオイルで煮込んだ逸品。お酒のつまみにはもちろん、ご飯のおかずにも料理の素材にも幅広く使い回しができます。（40代女性：会社員）

国産豚100％ モモハムスライス

240g　¥647

一般的なハムよりも塩味が抑えられているので、肉の旨味をダイレクトに感じられる。そのままでも、パンに挟んでサンドイッチの具材としても、とてもうまい。（50代男性：会社経営）

クリームチーズサンド ～プレーン生タイプ～

50g　¥291

挟んであるクリームチーズのかすかな甘さと魚肉シートの塩味のコンビネーションが絶妙！ 妻は、りんごやレモンが入ったフルーツチーズサンドがお気に入り。（30代男性：イラストレーター）

瀬戸内海産 食べるやわらかにぼし 梅酢味

36g　¥215

生臭さがなく柔らかいので、無限に食べられる煮干し。塩味と梅酢の酸味の相性も抜群だと思う。着色料等不使用で、カルシウムたっぷりなので子どものおやつにも向いている。（40代男性：編集者）

ご飯のお供＆麺類

国産究極
小粒納豆

40g×3　¥107

小粒なのにしっかりとした粒感の納豆です。しかも国内産の大豆使用ということで安心して食べることができます。それなのに税込み100円ちょっとという値段も主婦にはうれしいです。（30代女性：主婦）

長者原キムチ

320g　¥302

信州望月高原の白菜を使ったキムチで、まろやかな辛さと甘さのバランスが、ちょうどいいです。無添加なので封を開けると発酵が進みます。早めに食べるのがおすすめです。（40代女性：会社員）

しらすふりかけ

22g　¥140

塩味が控えめで上品な味が特徴のふりかけ。ご飯にかけるだけでなく、お豆腐にかけて冷奴の薬味に使ってもgood！　また、ピザの具にしてもおいしいです。（30代男性：イラストレーター）

野沢菜ふりかけ

20g　¥140

信州産の野沢菜をたっぷり使っているので、シャキシャキした食感が感じられます。炊きたてのご飯に混ぜると、だんだん野沢菜がしんなりしてきて、本当においしいです。（30代女性：主婦）

信州きのこの味噌汁

4食入り　¥248

地場のきのことツルヤオリジナル味噌を使用したフリーズドライ味噌汁。塩味が控えめで、信州味噌のしっかりとした旨味が感じられる。軽いので気軽に山に持っていける。（40代男性：カメラマン）

つるーと 生そば

2人前　¥215

家で本場の信州そばを食べたくなると買ってくる。厳選された粗挽きそば粉を使用しているので、ツルっとすすると、フワっとそばの香りが鼻に抜けていくのがうれしい。（50代男性：会社経営）

ちぢれ太打ち麺

110g　¥49

ツルヤのちぢれ麺は、コシが強くてうまいです。しかも、税込みで50円以下なので、お財布にもやさしい。太打ちのほかにも細打ち、極細などもありますので試してください。（30代男性：ライター）

そのほか食品＆調味料、生活雑貨

有機くるみのたれ

150㎖　¥431

胡麻だれ好きの人は、ぜひとも試してください。濃厚なのにたっぷりつけてもクドさを感じません。サラダドレッシング、そばやうどんのつけだれ、冷奴など、何にでも使える万能だれです。（40代女性：陶芸家）

デリシャスディップソース 信州味噌®マヨ風

200㎖　¥323

野菜、肉、魚など、どんな料理につけてもおいしい！　信州味噌の旨味とマヨネーズの酸味、ニンニクの風味がうまくミックスされています。冷やしうどんにかけるのも好みです。（30代女性：編集者）

お肉を味わう万能たれ

590g　¥539

ツルヤの商品には珍しく濃いめの味付けで、果実と野菜の甘味が強く、肉の味が引き立ちます。BBQの前に肉を漬け込んでも、焼いた肉にかけてもOK。1本あると重宝します。（40代男性：編集者）

5種のチーズピッツァ

176g　431円

5種類のチーズのコンビネーションも絶妙なうえに、生地が薄いのにもっちりしていておいしいです。私は、野菜やハム、チーズを追加して食べるのが好みです。（40代女性：主婦）

大粒肉焼売

6個　248円

大粒で食べ応えがあるのがうれしいですね。1パックでおなかいっぱいになります。国産豚肉100％で化学調味料不使用なのに200円台という価格も気に入っています。（30代男性：イラストレーター）

パックスナチュロン キッチンスポンジ※

¥219

目の粗いスポンジで、少量の洗剤でも泡立ちがよく、食器の汚れもすぐに落とすことができます。また、水切れがよくて、ヌルヌルしないので、一度使うと手放せなくなりました。（40代女性：編集者）

防水紙水切り袋※

50枚　472円

丈夫で破れにくい防水紙を使用したゴミ袋で、三角コーナー代わりに使えます。濡れても2日間くらいは型崩れしません。口が広くゴミが入れやすいのもうれしいです。（40代女性：編集者）

オレンジ色の
顔が可愛い招き猫

明治3年創業、軽井沢の清冽な水で打った
「かぎもとや」の手打ちそば

創業当時の想像図。招き猫や浅間山も見える

「そばは、冷たいのに限るっていうのが、先代の教えなんですよ」と語るのは、中軽井沢駅前にある、かぎもとや五代目店主の土佐一（はじめ）さんだ。その教えを守る一さんは、冬でも温かいそばを出していない。しかし、太くてコシの強い手打ち田舎そばの味を求めて、政治家の佐藤栄作や俳優の石原裕次郎など多くの著名人も訪れた。

「軽井沢は水がおいしいんですよ。そば本来の風味を引き出してくれるのは、やはり水なんだと思います」

清水で育った高原野菜も、かぎもとやの名物だ。同店では、そばの付け合わせに夏はキャベツの浅漬け、冬は野沢菜を提供している。

「両方とも自家製で自慢の一品です。もうひとつ、うちで出しているけんちん汁は、信州味噌を使った味噌仕立てなんですが、こちらもお客様にはとても好評です」

創業から150年以上、入れ替わりの激しい軽井沢の飲食店のなかで、伝統の味を守り続けてきたかぎもとや。老舗だけでしか味わえない極上の田舎そばをぜひご賞味あれ。

かぎもとや

中軽井沢駅北口を出ると見える大きな看板が目印。P35のもみじセットのほかにも山菜が付いた白樺セットも人気。温かいメニューは、うどんのみ。

軽井沢町長倉3041-1 ☎0267-45-5208

田舎そばは、味が濃いのが特徴です

そばとけんちん汁、天
ぷらが一度に味わえる
「もみじセット」が一
番のおすすめメニュー

そばは、風味が損なわ
れないように必ず当日
に打ったものだけを提
供している

03 古道、中山道を歩く

山あいに続くかつての古道。
道中に現われるいくつもの遺構、遺物が
当時のにぎわいを語り継ぐ。

山道の途中、覗から見下ろした現在の坂本宿。昔の旅人もこの景色を目にしたに違いない

↓山中の中山道沿いには石仏が点在している

←三度笠を背負って古道歩きを楽しむ人がいた

→刎石坂の大きな石碑。「大日尊」と彫られている

ヤマタイムで
ルートチェック！

歩行タイム	約6時間	難易度	上級 ★★★
歩行距離	約13.9km	累積標高差	約1725m

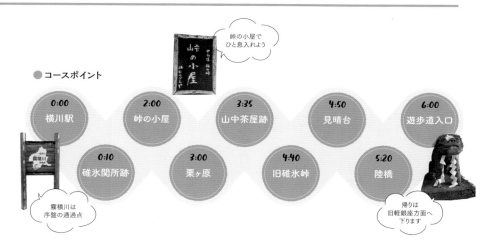

峠の小屋で
ひと息入れよう

● コースポイント

0:00 横川駅
0:10 碓氷関所跡
2:00 峠の小屋
3:00 栗ヶ原
3:35 山中茶屋跡
4:40 旧碓氷峠
4:50 見晴台
5:20 陸橋
6:00 遊歩道入口

霧積川は
序盤の通過点

帰りは
旧軽銀座方面へ
下ります

横川駅と、軽井沢駅から見て旧軽銀座の奥にある遊歩道入口をつなぐ道が、中山道（P38）を偲ぶハイキングコースとして多くのハイカーに親しまれている。ここでは横川駅からスタートする行程を紹介する。

横川駅の改札を出て約10分。道路の右手上に立つ碓氷関所跡（P39）では、当時使われていた門柱と門扉を利用して復元した木造の門や、関所を通る旅人が手をついて通行手形を見せたと伝わる「おじぎ石」などが、かつての旅人気分にさせてくれる。碓氷関所跡から橋を渡り、薬師堂が立つ薬師坂を上って高速道路の高架を過ぎると、坂本宿（P39）の下木戸跡に着く。道路の両脇に宿場町として栄えた面影を残す建造物があり、建物などの歴史を記した案内板も設置されている。

坂本宿から先は、いよいよ難所と名高い旧碓氷峠へ続く山道の始まりだ。道中には石碑や石仏が点在し、すでに自然の一部

となった茶屋跡など、当時の様子を今に伝える遺物や遺構が興味深い。

歩道入口から約40分、到着する峠の小屋で一服しよう。ここから旧碓氷峠までは約2時間40分かかり、まだ先は長い。

見晴台は新緑、
紅葉、雪景色を楽しめる
観光スポット

山道を登ってようやく旧碓氷峠に到着すると、先ほどまでの静けさが嘘のように、多くの観光客でにぎわっている。名物の力餅を出す飲食店での軽食や眺めのいい見晴台で景色を楽しんだら、再び山道で遊歩道入口をめざす。

最後、陸橋と吊り橋を渡ると、長かった古道歩きは終わりを迎える。時間に余裕があれば、旧軽銀座に立ち寄って買い物などを楽しんでから帰るといいだろう。

期間限定で走る通称「赤バス」

中山道と碓氷峠
江戸と京都を結ぶ街道の難所

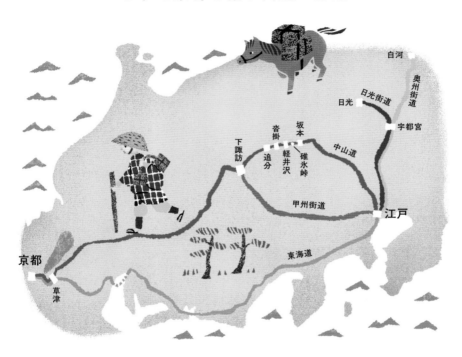

白河

奥州街道

日光街道

日光

宇都宮

坂本

沓掛

下諏訪

軽井沢

碓氷峠

中山道

追分

甲州街道

江戸

京都

草津

東海道

中山道は江戸の日本橋を起点とする幕府直轄の陸上交通路で、東海道、甲州街道、日光街道、奥州街道と並ぶ五街道のひとつ。現在の滋賀県草津市にあった草津宿で東海道と合流し、京都の三条大橋までつながっていた。

日本橋から三条大橋間の総延長は135里34町余り（約526㎞）。宿場の総数は69宿にも及ぶ。東海道の53宿より宿場の数が多かったのは、中山道が険しい山間部を通り、冬の降雪などにより歩ける距離に限界があったことが理由ではないかと考えられている。

軽井沢宿は、江戸日本橋から数えて18番目の宿場町。江戸側には碓氷峠（現在の旧碓氷峠）を挟んで坂本宿があり、現在の軽井沢町には軽井沢宿のほか、沓掛宿と追分宿（P99）も設けられていた。

碓氷峠は中山道の難所として知られ、坂本宿と峠間の標高差は約730m。旅人は苦労の末、碓氷峠を越えて京都に向かった。

←旅人を見守る薬師坂の薬師如来

中山道の歴史を感じるスポット

横川駅〜坂本宿

横川駅を出発すれば、
すでに江戸時代の旅人気分。
関所跡や宿場の町並みを訪ねよう。

（上）門の柱と扉は
当時使われていたものが
そのまま残る

（右）通行の許可を受けた
おじぎ石。つい触ってみたくなる

旅人の通過を取り締まった
中山道の要所

碓氷関所跡

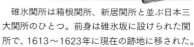

> 復元された
> 東門を見学できます

碓氷関所は箱根関所、新居関所と並ぶ日本三大関所のひとつ。前身は碓氷坂に設けられた関所で、1613〜1623年に現在の跡地に移された。

関所の主な役目は「入鉄砲と出女」の取り締まりで、江戸に武器類が持ち込まれることと、人質として住まわせていた大名の正妻が江戸から脱出するのを防いでいた。そのため、江戸から外に向かう女性が関所を通行するには通行手形が必要で、男性は無手形でも通れたという。

当時の碓氷関所には東西に門があり、いまは1959年に復元された東門を見ることができる。

群馬県安中市松井田町横川573

難所の手前で大いに栄えた宿場町

坂本宿

江戸から京都へ向かう場合、難所とされた碓氷峠の手前にあったのが坂本宿だ。江戸幕府三代将軍・徳川家光の時代に計画的につくられた宿場町で、最盛期には勅使や公家、大名、幕府の役人などが宿泊する本陣が2、本陣に次いで格式が高い宿泊施設の脇本陣が2、一般の旅人が泊まる旅籠屋が40軒もあったという。

時は流れ、参勤交代の廃止や明治時代に横川から軽井沢間にアプト式鉄道が開通すると、人の往来は次第に少なくなり、坂本宿のにぎわいも影を潜めていった。いまは宿場町特有の細長い地割りや復元された用水路を確認できる。

群馬県安中市松井田町坂本

宿場の入り口「下木戸」跡。碓氷峠側には「上木戸」があった

旅籠「かぎや」。
坂本宿を代表する
歴史的建造物

39

群馬県
安中市

長野県
軽井沢町

雄滝

雌滝

⑤ 長坂道

秋、坂道で紅葉のトンネルを抜け
ると旧碓氷峠はもう間もなく

人馬施行所跡
沢を徒渉する

化粧水跡

一ノ字山
1336

熊野皇大神社

碓氷峠トンネル

JR北陸新幹線

暮場尻川

山中茶屋跡

入道くぼ
道幅が広くなる

962

中山道

④

35分

⑤

軽井沢 元祖力餅
しげの屋
（P.47）

旧碓氷峠

子持山
1107

陣場ヶ原

25分

40分

遊歩道入口
G

40分

陸橋

見晴台

⑥

10分

30分

栗ヶ原

山中坂
道がえぐれて
足元が悪い

一つ家跡
暮らしていた老婆が
旅人を苦しめたと伝わる

吊り橋を渡る

めがね橋へ続く分岐あり。
かつて交番のはじまりとされる
見回り方屯所があった

旧熊ノ平駅

中尾川

⑥ 見晴台

眺めのいい広場から、歩いてきた群馬県側を望
む。主稜線が上下に波打つ妙義山がよく目立つ

⑱

④ 山中茶屋跡

茶屋が立っていたほか、明治時代には小
学校があり、児童も20人以上いたという

碓氷峠

軽井沢駅

チェック！

熊野皇大神社

写真の中央から左が長野県、右が群馬県という県境に位
置する珍しい神社。群馬県側は熊野神社になる。全国で
4社しかない特別神社の一社で、日本三熊野のひとつ。
開運・縁結びの御利益があるとされる、樹齢およそ1000
年のシナノキを御神木として祀っている。

軽井沢町峠町1 ☎0267-42-5749

②
歩道入口

木製のあずまやでひと休み。旧碓氷峠間の見どころスポットの案内板がある

● アクセス（帰り）

● 遊歩道入口
│ 徒歩
● JR北陸新幹線軽井沢駅

距離は約2.6km。所要時間は約35分。突き当たりの道を左に曲がって駅へ向かう。途中にショー記念礼拝堂や旧軽井沢銀座通りなど人気観光スポットを通るので、観光しながら帰るのがおすすめ。

霧積ダム

⚠ 座頭ころがし
滑りやすい急坂

堀切りと馬頭観世音

👀 覗
眼下に坂本宿がよく見える

1時間

刎石茶屋跡

刎石山

風穴

刎石坂
柱状節理があり
石造物が点在する

峠の小屋 ○

③

堂峰番所

40分

あずまやがある

碓氷坂の関所跡

めがね橋

碓氷湖

歩道入口 ②

峠の湯

高電圧の柵を通る ⚠

①

15分

峠の湯分岐 ○

25分

・かぎや

坂本宿 🎣

坂本宿標柱

・旧丸山変電所跡

高速道下 🚻

上信越自動車道

横川S.A

車道分岐

10分

薬師坂の石碑

碓氷関所跡 🎣

横川S.A

薬師堂

橋を渡る

20分

10分

🚻 Ｐ
横川駅

Ｓ

JR
信越本線

碓氷峠鉄道文化むら

18

麻苧ノ滝

峠の釜めし本舗
おぎのや横川本店
（P46）🎣

碓氷川

N
1:32,000
0　　　　500m

③
弘法の井戸

手前に分岐があり「近道」へ進むと現われる。当時の霊水は今も健在

04 アプトの道を歩く

信越本線アプト式鉄道時代の廃線跡を探訪。
国の重要文化財である旧丸山変電所や
10のトンネルなど鉄道遺産を満喫できる。

546mある6号トンネルは、通気や排煙のための通風孔が設置されているのが特徴

↓復元されたアプト式機関車は、しなの鉄道軽井沢駅に展示

←アプト式とは、歯型レールで坂道を登る鉄道のこと

→旧丸山変電所は、登坂電車へ電力を供給していた

ヤマタイムで
ルートチェック!

歩行タイム	約4時間	難易度	初級 ★☆☆
歩行距離	約13km	累積標高差	約160m

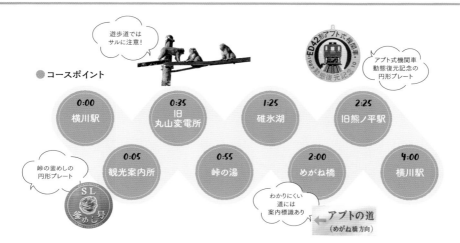

遊歩道では
サルに注意!

アプト式機関車
動態復元記念の
円形プレート

●コースポイント

0:00 横川駅

0:35 旧丸山変電所

1:25 碓氷湖

2:25 旧熊ノ平駅

峠の釜めしの
円形プレート

0:05 観光案内所

0:55 峠の湯

2:00 めがね橋

4:00 横川駅

わかりにくい
道には
案内標識あり

→ アプトの道
（めがね橋方向）

信越本線の横川〜軽井沢駅間は、碓氷峠があったためJR線でも最も急勾配な区間であった。そこで、歯型レールを使い急坂を登り降りするアプト式鉄道が導入され、北陸新幹線の開業によって廃止されるまで100年以上も活躍。現在、その廃線跡の一部は「アプトの道」遊歩道に生まれ変わっている。

碓氷関所跡は、
見晴らしもいい

スタートの横川駅近くには碓氷峠鉄道文化むらがあり、アプト式鉄道について学べるので立ち寄りたい。また、文化むらから峠の湯までは、季節曜日等限定運行のトロッコ列車が走っているので利用することも可能だ。

緩やかな坂道を25分ほど登ってゆくと旧丸山変電所に到着。1911（明治44）年に建てられたレンガ造りの建物は国の重要文化財に指定されており、中に入れないが、窓から内部をのぞくことができる。さらに進んだ峠の湯は、レストランもあるので昼食を食べて休憩するのにちょうどよい。

高さ35mで、日本最大級のめがね橋

ここからはいよいよ、10のトンネルが連続する本格的な廃線跡に入ってゆく。2号トンネルを抜けると眼下に碓氷湖が見えるので立ち寄ろう。湖畔には散策路があり、約20分で一周もできる。

さらに、1892（明治25）年にできためがね橋、長さ546mの6号トンネルなどを通って約50分で旧熊ノ平駅へ。「秋の夕日に照る山もみじ」という童謡は、熊ノ平駅から見た紅葉の美しさに感動して書かれたといわれている。帰りは緩やかな下り道で往路をたどり、横川駅まで戻る。

アプトの道は、紅葉の名所

休日にはボランティアガイドがいて
話を聞けることもある

めがね橋

刣石山

刣石茶屋跡

碓氷湖分岐

トンネル内の照明は
午後6時に消灯されるので注意

熊ノ平

旧熊ノ平駅

アプトの道

25分

20分

25分

20分

⑱

碓氷湖

碓氷湖

⑤

10分

群馬県
安中市

⑥

旧熊ノ平駅

旧熊ノ平駅は、アプトの道の終点。敷地内
には神社や殉難碑もある

④

1号トンネル

レンガを積んでつくられた全長187.06mの1号トンネル。ラ
イトでオレンジ色に照らされた内部は、幻想的だ

⑤

碓氷湖

碓氷湖は中尾川と碓氷川の合流地点を堰き止めてつくった
人工湖。秋には湖面に映る紅葉を求めて多くの人が訪れる

霧積川

旧中山道

③ 峠の湯

サウナ、露天風呂もあり、浴室から
裏妙義山や霧積山が眺められる

② 観光案内所

アプトの道のマップをはじめとする各種パンフレットを入手できる。お土産なども販売

ここから旧熊ノ平駅まで10のトンネルを通る

日帰り温泉と軽食コーナーがある

I号トンネル

20分
15分

④

峠
の
湯

③

秋は紅葉が美しい

碓氷川

峠
の
湯
分
岐

坂本宿（P39）
峠の湯分岐に出て
坂本宿経由で
横川駅へ戻ってもよい

15分
20分

旧丸山変電所

① 横川駅

碓氷峠越えの補助機関車を連結
解結していたので、構内は広い

チェック！

**鉄道ファンを魅了する
碓氷峠鉄道文化むら**

園内には鉄道史料館や国鉄時代の貴重な車両
を30以上も展示。碓氷峠専用の電気機関車
「EF63」の運転体験も可能（要講習）。遊具も
あり、鉄道マニアから子どもまで楽しめる。

群馬県安中市松井田町横川407-16
☎ 027-380-4163

アプトの道

上信越自動車道

横川SA

舗装されている歩きやすい道
サルが出没するので注意

⚠️

30分
20分

車道分岐

薬師堂

薬
師
坂
の
石
碑

碓氷関所跡（P39）

👣 **観光案内所**

5分

碓氷峠鉄道文化むら
②

横川駅

JR信越本線

①

18

18

麻苧ノ滝

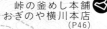
**峠の釜めし本舗
おぎのや横川本店**
（P46）

碓氷川

1:19,000
0   200m
N

半世紀以上にわたって
愛され続ける人気の駅弁
「峠の釜めし」誕生秘話

釜めしの器を
再利用した
オブジェ

ごぼう ——
栗 ——

紅生姜 ——
筍 ——

—— 鶏肉
—— うずらの卵
—— グリーンピース
—— 椎茸
—— 杏子

国鉄時代の横川駅はアプト式車両の連結が行なわれるため、乗客は待たなければいけなかった。その待ち時間に販売されて大ヒットしたのが、おぎのやの「峠の釜めし」であった。当時、四代目社長の高見澤みねじさんは、長旅で疲れた乗客の「温かく家庭的な弁当を食べたい」という声を実現すべく保温性の高い益子焼の

写真左がみねじ社長

釜に入った駅弁を開発。冷えた幕の内弁当が常識だった時代においては画期的な発明だった。1958（昭和33）年に発売されると、『文芸春秋』のコラムで取り上げられたことをきっかけに人気は爆発。現在でも、具材や作り方は発売当時を踏襲。人気は60年以上経っても衰えることなく、2023年には累計販売数は1億8000万個を超えた。

峠の釜めし本舗 おぎのや横川本店

1885（明治18）年創業のおぎのや本店は、JR横川駅前で営業。メニューは、峠の釜めし（持ち帰りのみ）と峠の釜めし定食（みそ汁、力餅付き）の2種類。向かいにはおぎのや資料館も併設（開館：土日・祝日の10時～16時）。

群馬県安中市松井田町横川399 ☎027-395-2311

お店は
熊野皇大神社の
真正面

歴史の偉人が誕生の由来
はたまた旅人の安全を願うお守り
旧碓氷峠名物「力餅」

— あんこ

— くるみ

中山道が五街道のひとつとして利用されていた時代から、多くの旅人に振る舞われてきた力餅。旧碓氷峠にも当時の風習が残り、いまも名物として親しまれている。

旧碓氷峠の力餅には、誕生の由来が2つある。ひとつは、旅人が熊野皇大神社に参拝した際に、道中の安全を願う護符として授与された餅が始まりというもの。もうひとつは、かつてこの峠に生まれ、源頼光の家臣で四天王のひとりに数えられた武将、碓氷貞光の二つ名である「碓氷峠の力持ち」にちなんで作られたというものだ。そのため、旧碓氷峠の力餅は「碓氷貞光の力餅」とも呼ばれている。

そんな歴史ある旧碓氷峠の力餅をいただけるお店で、江戸時代から300年以上も営業を続ける老舗が「軽井沢 元祖力餅 しげの屋」だ。旧碓氷峠に立ち寄ったら、毎朝つきあげる自慢の力餅をぜひご賞味あれ。

軽井沢 元祖力餅 しげの屋

看板メニュー「碓氷峠名物ちからもち」は、甘味あんこ、黄味きなこ、黒味ごま、胡味くるみ、辛味大根おろし、みそくるみの全6種類。旧碓氷峠の湧き水を吸わせた長野県産のもち米でつくお餅は、しっとりやわらか。

軽井沢町大字峠町字碓氷峠2　☎0267-42-5749

05 | 草軽電鉄廃線跡散策

<ruby>草<rt>くさ</rt>軽<rt>かる</rt>電<rt>でん</rt>鉄<rt>てつ</rt></ruby>

『四千尺高原の遊覧列車』と呼ばれた
草軽電鉄の廃線跡をたどりながら
浅間大滝をめざして、のんびりハイキング。

かつては、浅間山麓を走り、軽井沢と草津温泉を約3時間30分で結んでいた草軽電気鉄道

↓今でも残っている草軽電鉄の旧北軽井沢駅舎

↓電化される前は、蒸気機関車が走っていた

ヤマタイムで
ルートチェック!

歩行タイム …… 約2時間20分	難易度 ……… 初級 ★ ☆ ☆
歩行距離 ……………… 約8km	累積標高差 ……… 約274m

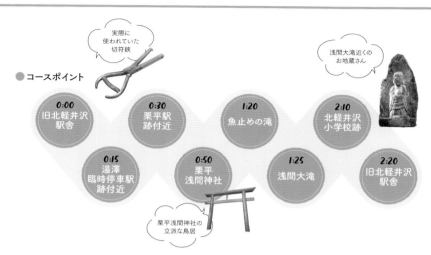

実際に
使われていた
切符鋏

浅間大滝近くの
お地蔵さん

● コースポイント

0:00 旧北軽井沢駅舎	0:30 栗平駅跡付近	1:20 魚止めの滝	2:10 北軽井沢小学校跡
0:15 湯澤臨時停車駅跡付近	0:50 栗平浅間神社	1:25 浅間大滝	2:20 旧北軽井沢駅舎

栗平浅間神社の
立派な鳥居

全線廃止から半世紀以上過ぎた草軽電気鉄道だが、その痕跡は今もかろうじて残っている。そんな廃線跡をたどりながら北軽井沢最大の滝、浅間大滝を巡るコース。高原をのんびりと散歩しながら、在りし日の草軽電鉄に思いを馳せたい。スタートは昭和前期に竣工した旧北軽井沢駅舎から。和洋折衷のデザインは、いま見てもモダンな感じがする。近くには草軽電鉄の資料を展示している北軽井沢ふるさと館があるので、散策前に立ち寄って廃線跡のマップも入手しておきたい。

浅間大滝の下流にある
魚止めの滝

最初のポイントは、湯澤臨時停車駅跡。ここは、周辺の別荘族のために夏の期間だけ臨時に設けられた駅だ。少しわかりにくいが、県道54号の脇にあるスペースが停車駅跡。

さらに別荘地の中の道を通って栗平駅跡付近へ。晴れていると、畑の向こう側に雄大な浅間山の姿を望める。栗平駅跡も現在は民家となっているので、痕跡を見つけるのは難しい。

散策途中は、
所々で浅間山の姿が見える

県道54号を10分ほど進んだら、山の中腹にある栗平浅間神社の分岐へ。

参道の入り口付近に廃線跡があり、盛り土をたどっていくと石組みの橋脚を見つけることができるだろう。再び県道54号に戻ったらさらに15分ほど東へ進むと、高さ10m、幅2mという浅間大滝に到着。静かな森の中に響く滝の音は、心を和ませてくれる。

また、コース上にはトイレがないのでスタート前に済ませておこう。

P48写真上・右／
H22年「広報かるいざわ」に掲載・
「草軽交通(株)」より

木漏れ日が美しい道

浅間山麓を走り、草津温泉と軽井沢を結んだ
「草軽電鉄」ヒストリー

昭和21年の草軽電鉄の様子。のどかな風景がほほ笑ましい

カブトムシの愛称で親しまれた高原遊覧列車

　スイスの登山鉄道をお手本に、新軽井沢駅から草津温泉駅間を結ぶ草軽電鉄が開通したのは、1926（大正15）年のこと。全長55.5kmを約3時間半かけて走った。そのスピードはのどかなもので、女性が途中で飛び降りて花を摘み、また乗ることができたという。

　そんな草軽電鉄で活躍したのが、背の高いパンタグラフを付け「カブトムシ」の愛称で親しまれた機関車だった。トコトコと車体を左右に揺らしながら走る姿は多くの人々に愛されたが、脱線することも多く、そんなときは乗客が力を合わせて線路に戻したという。

　草軽電鉄は、浅間山麓を走る高原列車という爽やかなイメージから映画にも登場。日本初のカラー映画「カルメン故郷に帰る」は、主演の高峰秀子が草軽電鉄の北軽井沢駅に降り立つシーンから始まる。

　最盛期には年間46万人という乗客を記録した草軽電鉄だったが、国鉄やバス路線が整備されると、乗客は減少。相次ぐ台風で橋梁が流失するなどで、経営状況はさらに悪化し、1962（昭和37）年には廃止されてしまった。しかし、かわいらしい機関車が高原を走った姿を求めて、その廃線跡を巡る人は多い。

P50-51写真：『草軽電鉄の詩』（郷土出版社）／P51地図：参考資料『草軽電鉄物語』芦原 伸（信濃毎日新聞社）

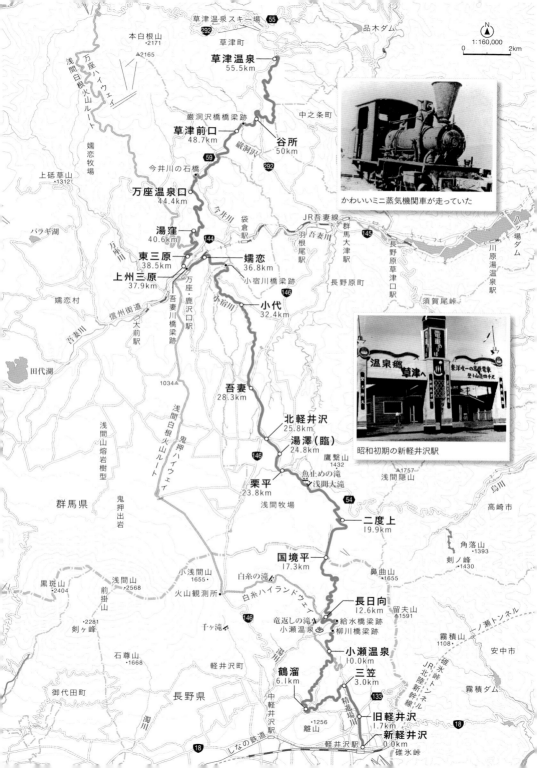

かわいいミニ蒸気機関車が走っていた

昭和初期の新軽井沢駅

● アクセス（往復）

JR北陸新幹線軽井沢駅
草軽交通バス
北軽井沢バス停

軽井沢駅北口を出て、右へ進んだ2番乗り場へ。01急行草軽線、02南廻院線、08北軽線で北軽井沢バス停までは約39分。1日に14〜17便運行。

照月湖

② 湯澤臨時停車駅跡付近

夏の間は湯澤臨時停車駅が置かれ、別荘に向かう人々でにぎわった

群馬県
長野県

道路脇の空き地が湯澤臨時停車駅跡

② 湯澤臨時停車駅跡付近

北軽井沢

① 旧北軽井沢駅舎

国の有形文化財に指定された木造駅舎。屋根の形は長野市の善光寺を模している

県道54号はスピードを出した車が通るので注意

草軽電鉄の模型や資料が展示されているのでぜひ立ち寄りたい

旧北軽井沢駅舎

北軽井沢ふるさと館　北軽井沢駅

北軽井沢小学校跡

大学村

国道146号沿いは夏から秋にかけて高原野菜などの直売所が立つ

↓峠の茶屋

15分

54

10分

13分

8分

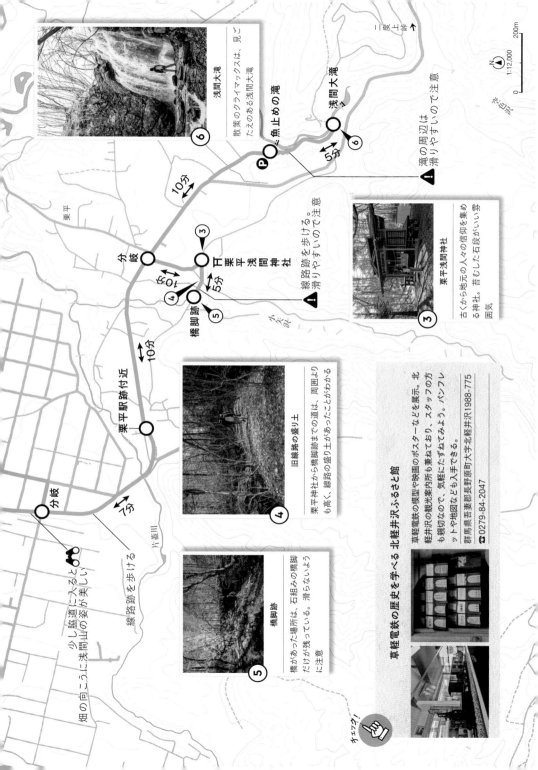

浅間大滝
散策のクライマックスは、見ごたえのある浅間大滝

魚止めの滝

浅間大滝

⑥

滝の周辺は滑りやすいので注意

10分

5分

⑥

栗平

分岐

⑶

日 栗平浅間神社

線路跡を歩ける。滑りやすいので注意

栗平浅間神社

古くから地元の人々の信仰を集める神社。苔むした石段がいい雰囲気

⑶

分岐

10分

⑷

橋脚跡

5分

⑸

小長沢

栗平駅付近

10分

旧線路の盛り土

栗平神社から橋脚跡までの道は、周辺より盛り土が高く、線路の盛り土があったことがわかる

⑷

片蓋川

分岐

5分

畑の向こうに浅間山の姿が美しい

少し脇道に入ると、浅間山の姿が美しい

線路跡を歩ける

橋脚跡

橋があった場所は、石組みの橋脚だけが残っている。滑らないように注意

⑸

草軽電鉄の歴史を学べる 北軽井沢ふるさと館

草軽電鉄の模型や映画のポスターなども展示。北軽井沢の観光案内所も兼ねており、スタッフの方も親切なので、気軽にたずねてみよう。パンフレット地図なども入手できる。

群馬県吾妻郡長野原町大字北軽井沢1988-775
☎0279-84-2047

チェック！

森のイメージが強い軽井沢だが、
川辺散策や滝見も楽しめるのをご存じだろうか。
浅間山に降った雪や雨が川となり、
山麓の軽井沢を潤している。
紹介するコースを歩いてみれば、
それが実感できるはず。

白糸の滝は軽井沢でも人気の観光名所（P62）

滝と川辺を巡る道

N
1:100,000
0   2km

万座温泉へ

草津へ

235

大学村

146

群馬県
嬬恋村

鬼押出し園 ●

天丸山
1344 ▲

● 浅間牧場

鬼押ハイウェイ
浅間白根火山ルート

07 白糸の滝・竜返しの滝
（信濃路自然歩道）　**P62**

小浅間山
▲1655

● 白糸の滝

黒斑山
▲2404

浅間山
▲2568

峰の茶屋

白糸ハイランドウェイ

車坂峠

146

06 千ヶ滝
P58

千ヶ滝

小諸市

長野県
軽井沢町

チェリーパークライン

石尊山
▲1668

07 サブコース
小瀬林道
P66

小瀬林道
崖川

軽井沢
● 野鳥の森

星野

中軽井沢駅

御代田町

濁川

信濃追分駅

80

18

塩沢湖

湯川

泥川

小諸ICへ

上信越自動車道

134

157

しなの鉄道

137

御代田駅

JR北陸新幹線

東吾妻町

長野原町

浅間隠山
▲1757

魚止めの滝
浅間大滝

二度上峠

54

高崎市

鼻曲山
▲1655

竜返しの滝

小瀬

07 サブコース
小瀬～三笠 P67
（信濃路自然歩道）

三笠

霧積湖

旧碓氷峠

中山道

56

133

JR北陸新幹線

旧軽井沢

▲ 離山
1256

雲場池

碓氷湖

18

碓氷峠

軽井沢駅

43

18

入山峠

224

上信越自動車道

JR信越本線

18

横川駅

碓氷川

92

群馬県
安中市

碓氷軽井沢ICへ

06 千ヶ滝

<ruby>千<rt>せん</rt></ruby>

軽井沢の滝見ハイク①
軽井沢最大の落差を誇る
千ヶ滝はいかがでしょう。

千ヶ滝は落差20mほ
どの直瀑。軽井沢で最
も大きな滝だ

ヤマタイムで
ルートチェック！

歩行タイム	約2時間45分	難易度	初級 ★☆☆
歩行距離	約6km	累積標高差	約372m

●コースポイント

立派な
トイレもあるよ

バス停に到着。
おつかれさま
でした～

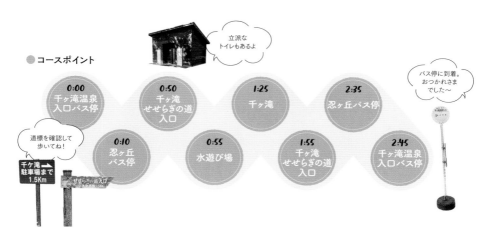

0:00 千ヶ滝温泉入口バス停
0:50 千ヶ滝せせらぎの道入口
1:25 千ヶ滝
2:35 忍ヶ丘バス停

道標を確認して
歩いてね！

0:10 忍ヶ丘バス停
0:55 水遊び場
1:55 千ヶ滝せせらぎの道入口
2:45 千ヶ滝温泉入口バス停

千ヶ滝駐車場まで1.5Km

せせらぎの道入口

沢沿いにつけられた涼やかな遊歩道をたどり、軽井沢最大の滝見物へ。夏はもちろんのこと、春は新緑、秋は紅葉など、季節を変えて訪れるのも楽しい。

千ヶ滝温泉入口バス停を降りたら、忍ヶ丘バス停方面へ車道を歩く。忍ヶ丘バス停付近には駐車場と大きな池があり、池畔に「千ヶ滝駐車場まで1.5km」「せせらぎの道入口」の道標を見たら、それに従って北に延びる車道を歩く。歩道はなく、たまに車が通るので注意して歩こう。カラマツなどの木々に囲まれ、人通りもまばらで静か。どこからか鳥の鳴き声が聞こえてくる。

やがて千ヶ滝駐車場に到

思わず流れに
手を浸してみたくなる

着。駐車場の奥に進むと「せせらぎの道」に続いており、トイレがある。準備が済んだら、せせらぎ橋を渡り左岸へ。このせせらぎの道は、山地災害の予防と下流域の保全に配慮した工法で整備された木道だ。千ヶ滝まで約1.5kmで、全体に勾配は少なく、歩きやすい。

右に左に沢を渡りながら緩やかに登っていくと、千ヶ滝が見えてくる。飛沫を上げながら垂直に落ちる滝はなかなかの迫力だ。

帰りは来た道を戻るが、途中の水遊び場に立ち寄ってみよう。堰堤下にあるので流れは少なく、子どもの水遊びにもちょうどよい。ただし、大雨後などは増水する可能性があるので注意が必要。

鳥の巣箱を発見。
どんな鳥が来るのだろう？

大きな池にカモが泳ぐ

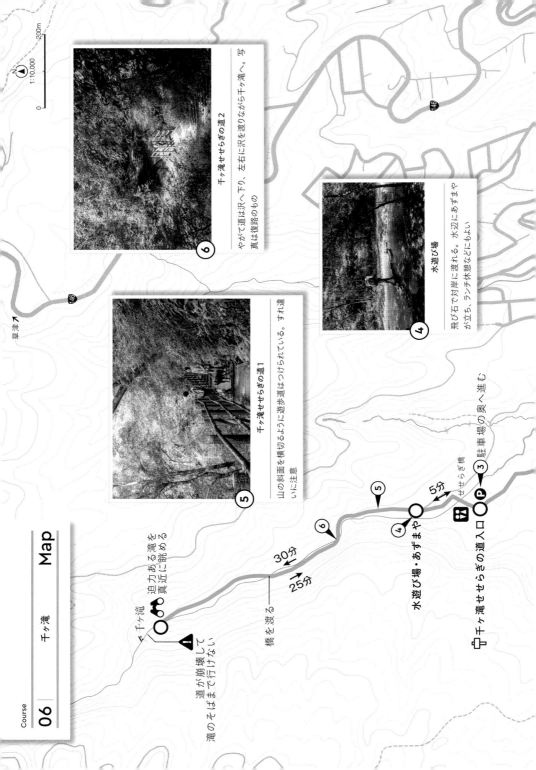

⑥ 千ヶ滝せせらぎの道2
やがて道は沢へ下り、左右に沢を渡りながら千ヶ滝へ。写真は復路のもの

④ 水遊び場
飛び石で対岸に渡れる。水辺にあずまやが立ち、ランチ休憩などにもよい

⑤ 千ヶ滝せせらぎの道1
山の斜面を横切るように遊歩道はつけられている。すれ違いに注意

1:10,000　0　200m

草津→

千ヶ滝　迫力ある滝を真近に眺める

道が崩壊して滝のそばまで行けない

橋を渡る

30分　25分

水遊び場・あずまや

千ヶ滝せせらぎの道入口

駐車場の奥へ進む

せせらぎ橋

5分

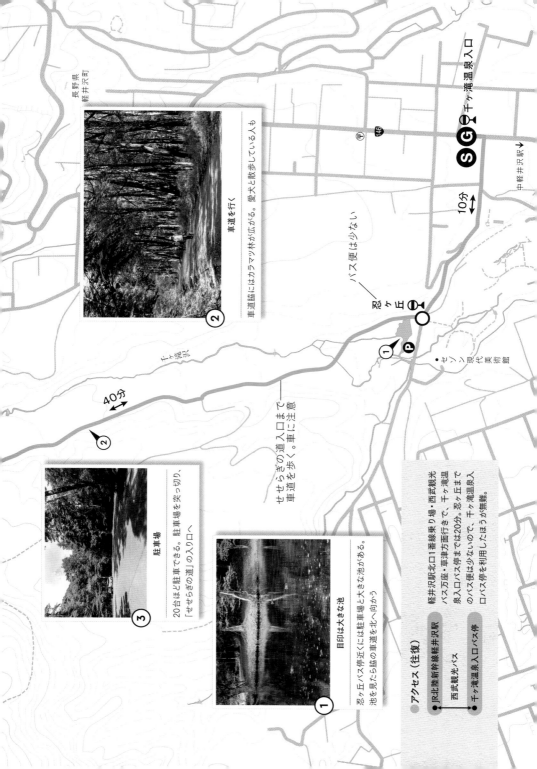

長野県
軽井沢町

車道を行く ②
車道脇にはカラマツ林が広がる。愛犬と散歩している人も

千ヶ滝沢

40分 ②

せせらぎの道入口まで車道を歩く。車に注意

忍ヶ丘

バス便は少ない

セゾン現代美術館

駐車場 ③
20台ほど駐車できる。駐車場を突っ切り、「せせらぎの道」の入口へ

目印は大きな池 ①
忍ヶ丘バス停付近には駐車場と大きな池がある。池を見たら脇の車道を北へ向かう

146

10分

S G 千ヶ滝温泉入口

中軽井沢駅

● アクセス（往復）

JR北陸新幹線軽井沢駅
西武観光バス
千ヶ滝温泉入口バス停

軽井沢駅北口1番乗り場・西武観光バス万座・草津方面行きで、千ヶ滝温泉入口バス停までは20分。忍ヶ丘までのバス便は少ないので、千ヶ滝温泉入口バス停を利用したほうが無難。

07 白糸の滝・竜返しの滝
(信濃路自然歩道)

軽井沢の滝見ハイク②
軽井沢のパワースポットとして人気の白糸の滝や
竜返しの滝にも行ってみよう！

幅70m、高さ3mの岩
壁に懸かる白糸の滝。
円形劇場のような滝は
軽井沢の人気スポット

↓白糸の滝は湯川へと流れ込む

↓落差10mの竜返しの滝

ヤマタイムで
ルートチェック！

歩行タイム	····· 約2時間35分	難易度	·········· 初級 ★☆☆
歩行距離	·············· 約7.5km	累積標高差	········· 約621m

＊データは通行止め区間も含めたデータ

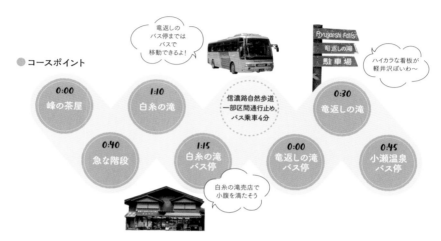

● コースポイント

竜返しの
バス停までは
バスで
移動できるよ！

ハイカラな看板が
軽井沢ぽいわ〜

- **0:00** 峰の茶屋
- **1:10** 白糸の滝
- 信濃路自然歩道
一部区間通行止め。
バス乗車4分
- **0:30** 竜返しの滝
- **0:40** 急な階段
- **1:15** 白糸の滝
バス停
- **0:00** 竜返し
バス停
- **0:45** 小瀬温泉
バス停

白糸の滝売店で
小腹を満たそう

信濃路自然歩道（浅間高原ルート）は三笠から峰の茶屋まで約11kmのハイキングコース。コース沿いには湯川が流れ、川のせせらぎや森林浴を楽しめるのも魅力。ただし、自然歩道途中の木橋が損壊し、現在白糸の滝バス停〜竜返しの滝バス停間が通行止めで復旧作業中（2024年5月現在）。だが、この区間はバスで移動できるので、続けて歩くことも可能だ。「峰の茶屋〜白糸の滝」と「竜返しの滝バス停〜小瀬」に分けてコース紹介をする。

シダ植物が林床一帯を覆う

見上げるほどのシラカバが
美しい自然歩道

【峰の茶屋〜白糸の滝】
国道146号と白糸ハイランドウェイが分岐するあたりが信濃路自然歩道の入り口だ。林を縫うように歩きやすい道が続く。白糸の滝手前で急な階段

を下ると観光客にあふれた白糸の滝に到着。流れに沿って下ると売店や駐車場があるバス停に出る。

【竜返しの滝バス停〜小瀬】
竜返しの滝バス停を降りて、車道脇の信濃路自然歩道へ入る。こちらはより山の雰囲気だ。竜返しの滝はひっそりと岩の奥に落差10mを落としている。橋を渡り、やがて別荘などが見えてくると小瀬バス停に到着する。

峰の茶屋や竜返しバス停をスタートにするとコースは下り基調になるので歩きやすい。どちらの道も特に危険箇所はないが、人けが少ないのでクマ鈴などを携行したい。

木橋が復旧した際は全コースを通して歩いてみよう。春から秋まで楽しめる道だ。

↑草津

146

信濃路自然歩道
1時間10分→

急な階段

雑木林の道を
緩やかに下っていく

②

白糸ハイランドウェイ（有料）

① 白糸の滝入口

S ・峰の茶屋

P 峰の茶屋 P 峰の茶屋の駐車場

峰の茶屋

146

③ 白糸の滝

白糸の滝

5分

P

④

売店が並ぶ

白糸の滝へ急な
階段を下る。足元注意

② **歩きやすい自然歩道**

林床にはシダ植物が生い茂り、シラカバや
カラマツが一帯を覆う

① **白糸の滝入口**

峰の茶屋バス停から道
路を渡ると道標がある

③ **白糸の滝**

これまでの静けさから一転。人気
スポットは観光客が多い

●**アクセス（行き）**

JR北陸新幹線軽井沢駅

草軽交通・西武観光バス

峰の茶屋バス停

軽井沢駅北口2番線乗り
場・草軽交通バス北軽線
08北軽井沢行き、急行線
01草津温泉行きで、峰の
茶屋バス停までは28分。
また、北口1番線乗り場・
西武観光バス中軽井沢駅
経由草津温泉行きで35分。

●**アクセス（帰り）**

小瀬温泉バス停

草軽交通バス

JR北陸新幹線軽井沢駅

草軽交通バス北軽線08、
急行線01、白糸線05な
どの軽井沢行きで、軽井
沢駅までは16分。バスの
便数は多い。

群馬県
長野原町
1:17,500
0   200m

④ 白糸の滝売店

お土産などを売る売店が立ち並ぶ。白糸の滝バス停はここから

⚠️ 白糸の滝バス停〜
竜返しの滝バス停間の
信濃路自然歩道は
2024年5月現在通行止め。
自然歩道の情報は
軽井沢町役場のHPで
確認できる

道路を横切る

道路と湯川沿いの遊歩道を歩く。
滑りやすい箇所があるので注意

⑤
40分 →

白糸ハイランドウェイ（有料）

⑤ 湯川沿いを歩く道

白糸の滝から竜返しの滝へ。途中、湯川を渡る（2024年5月現在通行止め）

橋を渡る

分岐注意

⑥ 竜返しの滝へ

バス停を降りたら、向いにある自然歩道の入り口へ。ここから再び山道となる

⑥ ○ 🍵 竜返しの滝

信濃路自然歩道

↓30分

湯川

竜返しの滝

🍵 長日向

△1231

○
⑦

↓15分

⑦ 竜返しの滝

白糸の滝ほど人はいないので、静かに滝を観賞できる

P

小瀬

🈺 小瀬温泉

🈺 竜返しの滝入口

小瀬林道
（P66）

G 🍵 小瀬温泉

• 軽井沢レクの森入口

歩道
分岐

湯川   ← 軽井沢野鳥の森   ↘ 三笠・信濃路自然遊歩道（P67）

07
サブルート

小瀬林道 Map

小瀬から野鳥の森や
星野エリアへ、
または三笠や旧軽井沢へ。
軽井沢は
意外と歩ける町なのです。

歩行タイム	約1時間45分
歩行距離	約4.5km
難易度	初級 ★☆☆
累積標高差	約366m

ヤマタイムで
ルートチェック！

白糸の滝は湯川となって中軽井沢方面へと流れ込んでいる。その湯川沿いにつけられた小瀬林道をたどって中軽井沢の星野エリアへ向かおう。道は樹林に覆われ、春は新緑、夏は涼しく、秋は紅葉が楽しめる。軽井沢野鳥の森や星野エリア周辺施設にも立ち寄りたい。

湯川

1時間40分

小瀬林道

①

千ヶ滝沢

①
小瀬林道
小瀬林道は車があまり通らず静かな道。森林浴も楽しめる

②
軽井沢野鳥の森付近
野鳥の森の看板が見えてきたら、星野エリアに到着だ

湯川

P
忍ヶ丘

千ヶ滝温泉入口

②

ミソサザイ休憩所

キビタキ休憩所
軽井沢
野鳥の森
(P.70)

△1086
アカゲラ休憩所

軽井沢千ヶ滝温泉♨

146

星野温泉トンボの湯(P.76)

ピッキオ
ピッキオへの入口

野鳥の森入口

(P.77)村民食堂

5分

星野温泉トンボの湯 G

ハルニレテラス(P.78)

N
1:17,500
0   200m

中軽井沢駅↘

竜返しの滝入口

小瀬温泉
小瀬温泉♨

P

S 小瀬温泉
♣軽井沢レクの森入口
歩道分岐

あずまや裏の
急な階段へ

10分

遊歩道から車道に出る

ライジングフィールド
軽井沢キャンプ場

ライジングフィールド
軽井沢

白糸ハイランドウェイ（有料）

長野県
軽井沢町

①

⚠ 分岐注意

②

信濃路自然歩道

分岐。看板の脇から遊歩道へ

橋を渡る

1時間

① 分岐に注意

このあたりはかつて草軽電鉄（P48）が通っていた。線路跡のような道があり、間違えないように注意が必要

三笠料金所

自然歩道入口

三笠橋

車道を歩くので
車に注意 ⚠

5分

三笠 G 旧三笠ホテル

② 小瀬からは下り基調で歩きやすく、木漏れ日が気持ちいい

愛宕山
1174△

愛宕神社
オルガンロック● 卍

三笠通り

Course

07
サブルート

小瀬～三笠
（信濃路自然歩道）

Map

歩行タイム …………… 約1時間15分

歩行距離 …………………… 約3.3km

難易度 ……………… 初級 ★☆☆

累積標高差 ……………… 約442m

ヤマタイムで
ルートチェック！

精進場川

この区間も白糸の滝や竜返しの滝同様に信濃路自然歩道が通っている。軽井沢レクの森脇の急な階段を上ると、その先は歩きやすい遊歩道が続いている。ライジングフィールド軽井沢バス停で車道を横断するが再び歩道へ入り、自然歩道入口へ。そこから三笠までは車道を歩く。

旧軽銀座▶

軽井沢には
鳥たちの
楽園があります

軽井沢野鳥の森に立つ
「ミソサザイ休憩所」。
静かな森に鳥のさえず
りが響く

豊かな森を手軽に散策
軽井沢野鳥の森

軽井沢野鳥の森散策マップ

キビタキ休憩所

ミソサザイコース
（約1時間30分）

ミソサザイ休憩所

キビタキコース
（約1時間）

ケラ池

ピッキオ

野鳥の森へ続く道

アカゲラ休憩所

　軽井沢駅から車で北西へ走ること約15分。観光地で有名な軽井沢星野エリアの一角に軽井沢野鳥の森は広がっている。面積はおよそ100ha（東京ドーム約21個分）。広大な敷地内にクリ、ミズナラ、カラマツ、ハルニレなどの木々が茂り、野鳥のほか、ツキノワグマやシカ、イノシシなど多くの野生動物が暮らしている。

　軽井沢野鳥の森は、国が設置した野鳥の森としても

知られている。指定を受けたのは1974年。軽井沢の地は中西悟堂によって「日本三大野鳥生息地」と呼ばれ、積極的に生態系の保全活動が行なわれていたことがきっかけとなった。

　軽井沢野鳥の森には約3kmの遊歩道が整備されていて、一年を通して森林浴を楽しめるほか、冬から春はバードウォッチングも体験できる。観察できる野鳥は年間で約80種類。耳を澄ますとにぎやかな野鳥の声が聞こえてくる。

木漏れ日
ハイクに
出かけよう！

軽井沢野鳥の森

環境省
林野庁
長野県

軽井沢野鳥の森誕生物語

軽井沢で生態系の保全活動に尽力したのは、星野温泉旅館（現星野リゾート）の二代目、星野嘉政だった。星野温泉旅館をたびたび訪れていた中西悟堂は、「今までは野鳥を食べていたが、これからは見て楽しむ時代になる」と話し、嘉政はその言葉に感銘を受けて中西らと共に活動を開始。結果、星野温泉旅館の私有地に隣接する森が、日本に環境庁（現環境省）が設置される節目に、国設の野鳥の森として指定されることになった。

軽井沢野鳥の森が誕生してからも、星野温泉旅館では野鳥の森の監視という役目をもつ専門のスタッフを設けて、カスミ網を使った野鳥の密猟の取り締まりや、遊歩道の整備、ゴミ拾いといった保全活動を継続。

1992年には、これまで軽井沢野鳥の森を守ってきたスタッフを含める形で、自然の保全と観光の両立を目的とする新しい組織「野鳥研究室」を設置。これは後に「ピッキオ」と名前を変えてネイチャーツアーを開催しながら、今も軽井沢でツキノワグマといった野生動物の調査や保全活動を担っている。

冬、2羽のシジュウカラがこずえにとまった

森の入り口に立つ 中西悟堂像

中西悟堂は日本を代表する野鳥研究家で、歌人・詩人としても活躍した。また「野鳥」という言葉を広め、「日本野鳥の会」を創設した人物でもある。軽井沢野鳥の森の入り口にその功績を称え、肩に小鳥がとまる胸像が立っている。

軽井沢野鳥の森で観察できる
「季節の野鳥図鑑」

留鳥（通年） 一年中同じ地域で暮らし、年中観察できる

イカル

「キョッキョッ」「キコキーコーケキー」など。黒い顔と大きな黄色いくちばしが特徴。高い木のこずえあたりにとまっていることが多い。巣からメスが出るときはオスが迎えにきて一緒に出かけるなど、夫婦仲がいい鳥としても知られている。

シジュウカラ

「ツーチ」「ツツピ」「ツッピツッピツッピ」など。腹部にあるネクタイのような黒いラインが目印。ネクタイが太いのはオスで、細いのはメス。木のこずえでさえずる。冬の間は、コガラやヒガラといった同じ仲間の鳥と群れて暮らしている。

ヤマガラ

「シーシーシー」「ツツピーツツピー」など。シジュウカラの仲間で腹部が赤茶色をしているのが特徴。木の真ん中より上あたりにいることが多い。頭のよい鳥で、木の実を地面の中に蓄え、近くにある目印を記憶してあとで掘り出して食べる。

アカゲラ

「キョッキョッ」「ケケケケ」「ケレケレ」など。いわゆるキツツキの一種。冬、葉が落ちた森の中で目立つ白と黒の羽の模様が見つけるポイント。木の幹を登っていく姿を目で追うこともできる。日本では本州以北の山に暮らしている。

ミソサザイ

「ツルルルル……スピスピスピ……チィチィピチュピチュピチュ……」など。春、2月から7月ごろまで沢沿いにさえずっている。秋から冬になると藪の中を細かく動くようになる。国内で一二を争うほど体が小さいが鳴き声は大きい。

オシドリ

鳴き声は「クエッ」だが、鳴くことは多くない。渓流の流れのゆるい場所や水辺の木の上、冬にはダム湖などに群れている。真夏、オスはメスと同じ羽色をしているが、9月ごろから羽が生え変わり、白や赤茶、青などが混ざりカラフルになる。

野 鳥観察は、森や林が落葉してから葉が生い茂るまでのあいだ、木々に葉がない時期が適している。軽井沢野鳥の森では11月から5月中旬までが適期で、見渡しがよくなり鳥の姿を見つけやすい。ここでは軽井沢野鳥の森で見られる鳥を、留鳥、夏鳥、冬鳥に分けていくつか紹介する。鳴き声や外見の特徴を覚えて野生の鳥を探してみよう。

夏鳥（春〜夏）　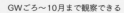 GWごろ〜10月まで観察できる

キビタキ

「ヒィヒィヒィ クルルッ」「ピーリピッ ポピィ」「ツクツクオーシ」など。GWごろに日本にやって来る代表的な夏鳥。林の中腹や飛び出た枝によくとまっている。オスは黒と黄色のコントラストが美しい一方、メスは薄茶色をしている。

オオルリ

「カッカッ」「ピーリーッ ポピーリポピーリ ジジーッ」「ピーリリリリィ チリチリッ」など。沢沿いの林に暮らしていて、高い木の先端で見つけることが多い。美しい鳴き声から、コマドリ、ウグイスと共に日本三鳴鳥に数えられている。

コルリ

「チッ」「ガッ」「チッチッチッ ピンツルルル」「チーラチーラチーラ」など。見つけやすいのは5月上旬。早朝は数mの高さの樹上にいて、夕方になって暗くなると水辺に水浴びに来ることもある。ほかの夏鳥よりも早く9月下旬には南方へ飛び立つ。

冬鳥（秋〜冬）　 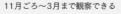 11月ごろ〜3月まで観察できる

ウソ

「フィッ フィッ フィッ」など、やさしい口笛のような鳴き声が特徴。かつて口笛のことを「うそ」と呼んでいたことが名前の由来とされる。冬の季節、木の葉が枯れた山道を静かに歩き、特徴的な鳴き声に気をつけながら探すのがポイント。

ルリビタキ

「ヒッヒッ」「ガッガッ」など。冬、沢沿いに続く登山道脇の枯れた藪の中などにいることが多い。オオルリ、コルリと共に瑠璃三鳥と呼ばれている。若いオスはメスに似た地味な色をしているが、生後から2年以上をかけて青い羽色に変わる。

ミヤマホオジロ

「チッチッ」など。さえずりを聞く機会は少ないが、春先に複雑な声でつぶやくことがある。草地付近の林の縁で、数羽で低い位置から鳴きながら飛び立つことが多い。関東の平野部ではめったに見かけることがないが、西日本には多く飛来する。

立ち寄りスポット

中軽井沢の一大観光スポット

軽井沢星野エリア

自然体験、温泉、食事、お買い物。
大切にされてきた敷地のなかに、
ゲストを迎える施設がいくつも点在。
豊かな自然を感じながら観光を楽しもう。

建物の目の前にはケラ池が広がっている

軽井沢が誇る
自然の案内人

自然について
一緒に学ぼう

ムササビ
横断注意
〈春〜晩〉

ピッキオ

軽井沢野鳥の森の入り口近く、ケラ池のほとりに立つピッキオは、さまざまなネイチャーツアーを開催するエコツーリズムの発信基地だ。ネイチャーツアーは野鳥の森ネイチャーウォッチング（P75）をはじめ、空飛ぶムササビウォッチングやバードウォッチングなども人気。建物内にはドリンクを楽しめるイカルカフェが併設され、ツキノワグマに関連する書籍が並ぶ本棚もある。

そして、冬になると目の前のケラ

池が凍りつき、屋外に大きなスケートリンクが出現。毎シーズン、家族連れやカップルなど多くの観光客が氷上の遊びを楽しみに訪れる。

季節を問わず軽井沢で自然と触れ合いたいと思ったら、ピッキオに足を運んでスタッフに相談してみるといいだろう。きっと興味を惹かれる自然体験が見つかるはずだ。

軽井沢町軽井沢星野
☎ 0267-45-7777

カフェでは野鳥のカフェラテが人気No.1

ピッキオで楽しめるネイチャーツアー

野生の鳥は
見つかりましたか？

野鳥の森
ネイチャーウォッチング

　ピッキオがほぼ毎日開催している人気ツアー。軽井沢野鳥の森はただ歩くだけでも気持ちがいいが、自然のことをより深く知りたい人にはこちらのツアーがおすすめだ。野鳥の森に精通したスタッフの案内で、シーズンになると野鳥観察を楽しめるほか、野鳥と植物の関係性、ツキノワグマやシカやイノシシといった野生動物の生態など、自然にまつわる興味深い話をいくつも聞ける。

　ツアーは午前の回と、季節によって午後の回に分かれ、午前の回は当日9時まで、午後の回は当日12時30分までに申し込めば誰でも参加できる。ツアーの所要時間は約2時間。ウォッチングに集中し、スタッフのおもしろい話を聞いているだけで時間はアッという間に過ぎてしまう。

ツアーは解説資料付き。双眼鏡はレンタルできる

そのほかの主要ツアー

● 空飛ぶムササビウォッチング

目撃率95％以上。夜間にムササビを探す人気ツアー／3月中旬〜11月末

● ワイルドサファリツアー

観察用ライトを積んだ車に乗って夜の闇に潜む動物探し／4月中旬〜11月末

● 早朝バードウォッチング

野鳥観察に最適な春に期間限定で開催。スタッフイチオシのツアー／4月下旬〜5月中旬

● 氷上の星空ウォッチング

凍ったケラ池の上でホットドリンクを飲みながら星空観察／12月〜3月上旬

※ほかにも興味深いネイチャーツアーを多数開催。詳しくはピッキオの公式HP（https://picchio.co.jp/）をチェック

全面凍結した冬のケラ池。スケート靴はレンタルできる

冬に現われる屋外スケート場
ケラ池スケートリンク

　ケラ池は、人も生き物も共にケラケラ笑い合うイメージが名前の由来。冬限定でオープンするスケートリンクは人工氷と天然氷エリアに分かれ、全面凍結するのは例年、年末から2月中旬ごろ。支えになる専用の小椅子が用意されているので、初めてでも子どもから大人まで楽しめる。

軽井沢町星野　☎0267-45-7777

シンメトリーの受付が目印。木造の建物が森の景観と調和する

歴史深い温泉で
心まで癒やされる

星野温泉
トンボの湯

軽井沢町星野
☎0267-44-3580

　軽井沢星野エリアは、1913（大正2）年に開湯した星野温泉から始まった。同時期に開業した星野温泉旅館には多くの文人が集い、彼らの言葉はエリア内に今も石碑として残されている。
　そんな歴史ある温泉を日帰りで楽しめるのが、星野温泉 トンボの湯だ。湯船は、開湯当時から変わらない美肌効果で有名なメタケイ酸を多く含む弱アルカリ性の源泉かけ流し。自然との共生を大切にする星野エリアらしい、内湯、露天風呂どちらにいても軽井沢の自然美を近くに感じられる建築デザインにも注目だ。

内湯は大きな窓から光が差し込む

自然と目線が近づく露天風呂

味噌を使ったオリジナルの山賊焼き　　　通年でいただける「投じ蕎麦」

カフェ
「ハングリースポット」は
朝から営業中

旬の食材を使った
和食メニューがそろう

村民食堂

　村民食堂はトンボの湯のそば。静かな林の中で大きな窓ガラスが目を引く建物がそれだ。店内は天井が高くガラス越しに外の景色を眺められる開放的なしつらえ。席についたら地元の食材と季節の旬菜をふんだんに使った自慢の料理を堪能しよう。

　メニューは和食が中心で、信州の郷土料理である山賊焼きを味噌でアレンジしたものや、牛すき鍋、蕎麦、和牛のひつまぶし、冬には数種類の鍋料理もそろう。

　地酒やクラフトビール、お酒に合うアラカルトもラインナップし、併設するカフェではドリンクのほか、オリジナルのソフトクリームやプリンといったスイーツも楽しめる。ランチ、軽食、ディナーと、好きなタイミングでこだわりの食事を味わおう。

軽井沢町星野　☎0267-44-3571

建物は自然の一部のような佇まい

個性豊かなショップが軒を連ねる

早朝から営業するブック＆カフェも（丸山珈琲）

緑のなかで
グルメ＆ショッピング！

ハルニレテラス

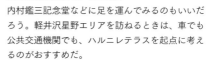

そばの名店
「せきれい橋 川上庵」
のランチセット

ハルニレテラスは、中軽井沢を代表する人気観光スポット。ネーミングどおりハルニレの木立の中にあり、人気の飲食店やベーカリー、個性豊かな雑貨やインテリアショップなど「軽井沢の日常」をコンセプトにした16の店舗が広いウッドデッキでつながっている。

ただ、ここに来てショッピングやグルメを楽しむだけでは少々もったいない。周囲の景色にも目を向けると、そばには白糸の滝（P62）から続く湯川が流れ、サラサラと涼しい水の音が聞こえてくる。人の手がつくった観光地にいながら、川のせせらぎや暖かい木漏れ日、にぎやかな鳥の鳴き声などを近くに感じられる自然との調和もまた、ハルニレテラスの魅力といえるだろう。

ハルニレテラスから軽井沢野鳥の森方面に向けて、湯川沿いに遊歩道が設けられているので、散歩がてら歩いてみるだけでも気持ちがいい。道路を挟んだ向かいの森に立つ軽井沢高原教会や、石の教会内村鑑三記念堂などに足を運んでみるのもいいだろう。軽井沢星野エリアを訪ねるときは、車でも公共交通機関でも、ハルニレテラスを起点に考えるのがおすすめだ。

軽井沢町星野
☎050-3537-3553

（左）遊歩道はハルニレの林を縫うように続く（中）湯川沿いにはテラス席も（右）ベーカリー＆レストラン「沢村」のモーニング

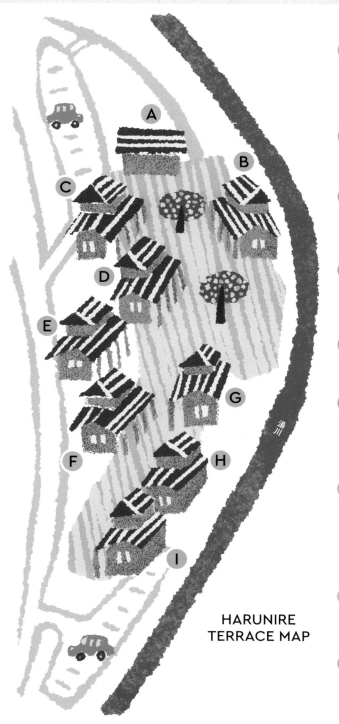

A

ココペリ
（農産物・食料品・飲料）

TEAM7 軽井沢
（自然素材の家具・寝具・衣類）

B

せきれい橋 川上庵
（そば・美酒・一品料理）

C

サジロカフェ リンデン
（カフェ・スパイス・雑貨）

我蘭憧（木製品専門店）

D

丸山珈琲（カフェ＆ブックス）

CRAFY・glänta
（手作り指輪工房）

E

イル・ソーニョ（イタリアン）

F

CRECLE
（レストラン＆デリ・ワイン）

NATUR TERRACE
（北欧インテリア・手工芸）

G

HARVEST NAGAI FARM
（ジェラート）

希須林（中華家庭料理）

モリアソビ
（アウトドアリビング＆ファニチャー）

H

和泉屋 傳兵衛（菓子処）

ギャラリー樹環（セレクトギャラリー）

I

沢村（ベーカリー＆レストラン）

HARUNIRE
TERRACE MAP

Column 6

"自然と共生する町"軽井沢
駆除を回避するツキノワグマ対策

軽井沢町は国指定の国際親善文化観光都市であり、日本を代表する国際的観光地でもある。一方で、町の半分以上が国指定浅間鳥獣保護区に含まれ、法規制によって自然景観と生態系が守られている。町の発展と自然の保護。その両方をかなえるために選ばれたのが"共生"という考え方だ。

たとえば、近年、日本各地でツキノワグマによる人身被害が後を絶たない。しかし、軽井沢町では人の活動エリアにおけるクマの人身被害件数は2011〜2023年まで0件を維持。ピッキオが1998年から積極的にクマを捕獲して発信器を取り付ける保護管理に着手して以降、クマが開けられないゴミ箱の開発や設置、町内を区分け（ゾーニング）してクマと人間の暮らしが緩衝するエリアでの犬によるクマの追い返し、銃声や犬の鳴き声などに警戒心をもたせる学習放獣などを行なうことで、クマとの共生を実現してきた。

ハイキングの対象エリアは、ほとんどがクマの生息範囲に含まれている。私たちビジターはクマのすみかに立ち入る心構えでハイキングを楽しもう。

クマ対策用のゴミ箱は町内の至る所で目にする

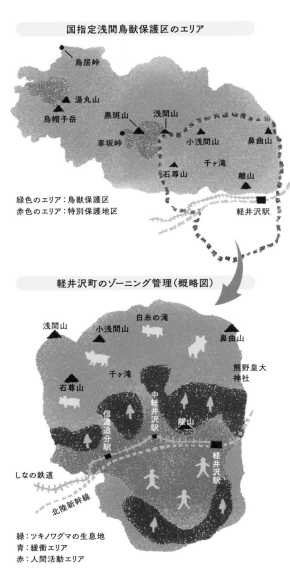

国指定浅間鳥獣保護区のエリア

鳥居峠
湯丸山
烏帽子岳
黒斑山
浅間山
車坂峠
小浅間山
鼻曲山
石尊山
千ヶ滝
離山
軽井沢駅

緑色のエリア：鳥獣保護区
赤色のエリア：特別保護地区

軽井沢町のゾーニング管理（概略図）

浅間山
小浅間山
白糸の滝
鼻曲山
熊野皇大神社
千ヶ滝
石尊山
中軽井沢駅
信濃追分駅
離山
軽井沢駅
しなの鉄道
北陸新幹線

緑：ツキノワグマの生息地
青：緩衝エリア
赤：人間活動エリア

頑張るベアドッグ！

軽井沢町では、NPO法人ピッキオが町からの委託を受けてツキノワグマの保護管理を担っている。その対策を支えているのが、ベアドッグと呼ばれる特殊な訓練を受けた犬たちだ。ピッキオでは2004年に初めてベアドッグを導入。現在4頭のベアドッグが活躍している。

約30種類ある合図で指示を出します

深夜3時ごろ、ベアドッグはハンドラー（飼育兼訓練士）とペアで暗い森の中へ向かう。取り付けた発信器を頼りに人里に近づくクマを追い払うためだ。視界が利かない夜の山ではベアドッグの力が欠かせない。ベアドッグはクマの臭いに反応して自発的に吠えるように訓練されていて、その吠え声は大きく威嚇効果は抜群だ。

ピッキオがクマの監視を強化している期間は6月から10月。特に初夏から9月にかけてベアドッグはほぼ毎日山に入り、クマ対策に尽力している。

ベアドッグは、町内にあるすべての小学校で行なわれている、クマとの共存を学ぶ教育の場でも人気者だ。人とクマとの共生・共存を広める親善大使としてもベアドッグは頑張っている。

ハンドラー（飼育兼訓練士）の田中さんとベアドッグのレラ

ふたりは毎日生活を共にする家族のような関係

ベアドッグの犬種は吠え声が大きいカレリア犬

浅間山の展望台山へ

軽井沢の周辺にある山は、
さながら浅間山の展望台。
東面から西面から、遠くから近くから、
いろいろな角度から
浅間山の端正な姿を眺めに行こう。

HIKING IN KARUIZAWA
Chapter
3
GUIDE BOOK

ハイキングへ行く前に

●**浅間山噴火警戒レベル**：国内有数の活火山である浅間山は、気象庁が発表する噴火警戒レベルによって入山規制が敷かれている。2024年5月現在は噴火警戒レベル2で、山頂火口から概ね2km以内は立ち入り禁止。レベル3以上になると山頂火口から4km以内で登山禁止となり、石尊山、黒斑山、小浅間山の主な登山道は利用できなくなる。計画する際は最新の噴火警戒レベルを確認しよう（気象庁HP「各火山のリーフレット」浅間山参照）。

●**ハイキングの適期**：紹介している山のハイキングの適期は4〜11月ごろ。新緑の時期は5〜6月で、紅葉は10月上旬から色づきはじめ、10月中旬〜11月上旬に見頃を迎える。11〜3月は積雪期に入り、雪山の装いとなるのでハイキングは控えよう。

●**装備**：離山や天丸山など初級コースはスニーカーでも楽しめる。いっぽう、石尊山、浅間隠山、鼻曲山などの中級または上級コースは、一般登山と同じ服装、持ち物、登山靴が必要。歩く距離も長くなるので自身の体力レベルを考慮して計画を立てよう。

黒斑山から見る浅間山の西面。カラマツなどの黄葉に彩られた裾野がゆったりと広がる（P102）

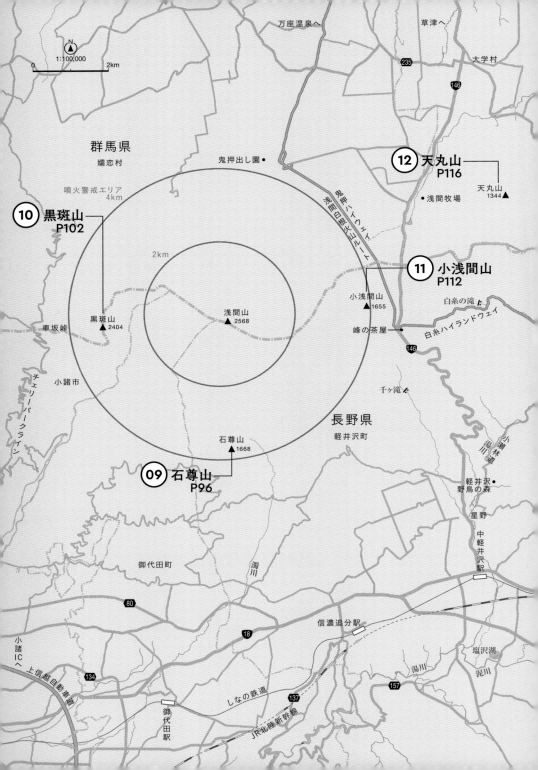

N
1:100,000
0   2km

群馬県
嬬恋村

鬼押出し園 ●

草津へ
万座温泉へ

大学村

235
146

12 天丸山
P116

天丸山
1344 ▲

● 浅間牧場

噴火警戒エリア
4km

10 黒斑山
P102

鬼押ハイウェイ
浅間白根火山ルート

2km

11 小浅間山
P112

小浅間山
1655 ▲

白糸の滝

黒斑山
2404 ▲

浅間山
2568 ▲

峰の茶屋

白糸ハイランドウェイ

146

車坂峠

千ヶ滝

小諸市

長野県

軽井沢町

チェリーパークライン

石尊山
1668 ▲

小瀬林道
湯川道

軽井沢 ●
野鳥の森

09 石尊山
P96

星野
中軽井沢駅

御代田町

濁川

塩沢湖
泥川

80

小諸ICへ
上信越自動車道

18

信濃追分駅

湯川

134

157

小諸IC
へ

御代田駅

しなの鉄道

137

JR北陸新幹線

13 浅間隠山 P120

東吾妻町

長野原町

浅間隠山 ▲1757

魚止めの滝

浅間大滝

二度上峠

54

高崎市

14 鼻曲山 P124

鼻曲山 ▲1655

竜返しの滝

小瀬

三笠

霧積湖

旧碓氷峠

中山道

56

08 離山 P86

JR北陸新幹線

133

旧軽井沢

18

碓氷湖

224

▲ 離山 1256

雲場池

碓氷峠

軽井沢駅

上信越自動車道

JR信越本線

18

横川駅

碓氷川

43

18

入山峠

群馬県

安中市

92

碓氷軽井沢ICへ

08 │ 離山
（はなれ）

小さな丘のような、軽井沢のシンボルマーク。
木漏れ日を浴びながら別荘地を抜けて、
眺めのいい山頂へのんびりハイキング。

離山は軽井沢駅から目と鼻の先。駅から歩いて半日もかからずに往復できる

黒斑山

浅間山

小浅間山

離山

軽井沢駅

↓東口登山道入口まではゆっくり車道を歩く

↓軽井沢駅北口がハイキングのスタート地点

ヤマタイムで
ルートチェック!

歩行タイム	…… 約3時間5分	難易度	……… 初級 ★★★
歩行距離	………… 約10km	累積標高差	……… 約876m

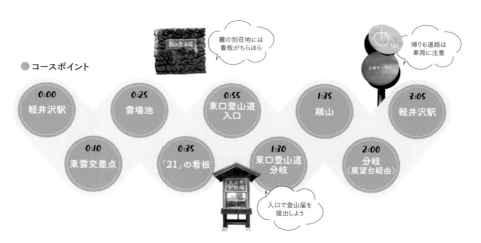

麓の別荘地には
看板がちらほら

帰りも道路は
車両に注意

右側を一列に

● コースポイント

0:00 軽井沢駅	0:25 雲場池	0:55 東口登山道入口	1:35 離山	3:05 軽井沢駅

0:10 東雲交差点	0:35 「21」の看板	1:30 東口登山道分岐	2:00 分岐（展望台経由）

入口で登山届を
提出しよう

軽井沢駅の北口から外に出ると、北西の空にこんもりした小さな山が飛び込んでくる。軽井沢町のほぼ中心にあり、かねてよりハイキングの対象として登られてきたのが離山だ。離山は火山活動によって生まれた溶岩ドームで、浅間山の側火山でもある。

その昔、避暑地として軽井沢に移り住んできた外国人宣教師たちも離山でハイキングを楽しみ、山頂周辺が比較的平坦だったことから「テーブルマウンテン」と呼んで親しんだ。

また、離山は天皇陛下が初めて登った山としても有名だ。当時の陛下の年齢は5歳。上皇さまに連れられての初登山で、陛下はその後、登山を趣味にされて全国の山に登られた。

離山を登るルートは東口と南口があり、紹介する東口のほうが道が整備されていて登りやすい。道中に危険箇所はないものの、軽井沢駅から東口登山道入口までは道標が乏しく、少々道がわかりづらい。ここは積極的に地図アプリを活用するといいだろう。途中には観光地で有名な雲場池（P89）があり、ぜひ帰りに立ち寄りたい。

山頂には望遠鏡と
山座同定盤が設置されている

しばらく車道を歩き、別荘地に入ると「離山登山道」などと書かれた看板が現われる。登山道入口を過ぎてからも車が通れるほど幅の広い道が続き、東口登山道分岐からいよいよ山道らしくなると、間もなくで離山の山頂だ。

展望を楽しんだら、山頂を囲むように歩道が設けられているので、ぐるりと一周散策を楽しむのもおもしろい。帰りは南東の斜面に展望台があるので、そこに立ち寄ってから下山しよう。

道中、小さな松ぼっくりが落ちていた

晩秋のころ、山頂を取
り囲む遊歩道を散策。
フカフカする落ち葉の
絨毯が気持ちいい

立ち寄りスポット

Course 08

軽井沢らしい自然を感じるスポット

雲場池周辺

軽井沢駅から離山に向かう途中にある、
四季折々の景色が美しい
雲場池は、ぜひとも立ち寄りたい。
特に紅葉の時期がおすすめだ。

澄んだ湖水は、鏡のように光を反射し、森や空を鮮明に映し出す

透き通った水中に水草が揺れる

野鳥も
たくさん
泳いでいるよ!

スワンレイクとも呼ばれる、
軽井沢を代表する景勝地

雲場池

かつては白鳥が飛来したことから「スワンレイク」という愛称でも親しまれている。春から夏の新緑、秋の紅葉、冬の雪景色と、一年を通して水面に映る景色を楽しめる。

軽井沢町軽井沢

☎0267-42-5538（軽井沢観光会館）

明治天皇にも供された雲場池の水源

御膳水

雲場池の水源で、江戸時代から名水として知られる湧水。古くから大名や宮家の御膳に用いられたほか、明治天皇が昼食をとられた際にも供されたといわれている。

軽井沢町軽井沢ホテル鹿島ノ森内

☎0267-42-3535（ホテル鹿島ノ森）

ホテル鹿島ノ森の敷地内の渓谷にある湧水

④
東口登山道入口
登山届を提出するための立派なポストが設置されている

東口登山道入口

道標あり
頂上まで1500m

④

東口登山道分岐

東口登山道

10分

山頂の周りを
散策するのも楽しい

10分

浅間山の大展望

5分

15分

20分

1256
離山

5分

25分

分岐

⑤

20分

分岐 ベンチがある

近くに
あずまやがある

展望台

道標あり

15分

⑥

30分

15分

保健休養地
100年記念碑

⑤
分岐
ベンチがある休憩ポイント。山頂一帯は公園になっていて看板で全体像を確認できる

長野県
軽井沢町

旧近衛文麿別荘

民俗資料館

図書館

18

中軽井沢駅

佐久平駅

⑥
展望台
軽井沢駅方面の眺めがいい。冬には奥の山の肌に軽井沢プリンスホテルスキー場の白いコースがよく見える

N
1:12,000
0   200m

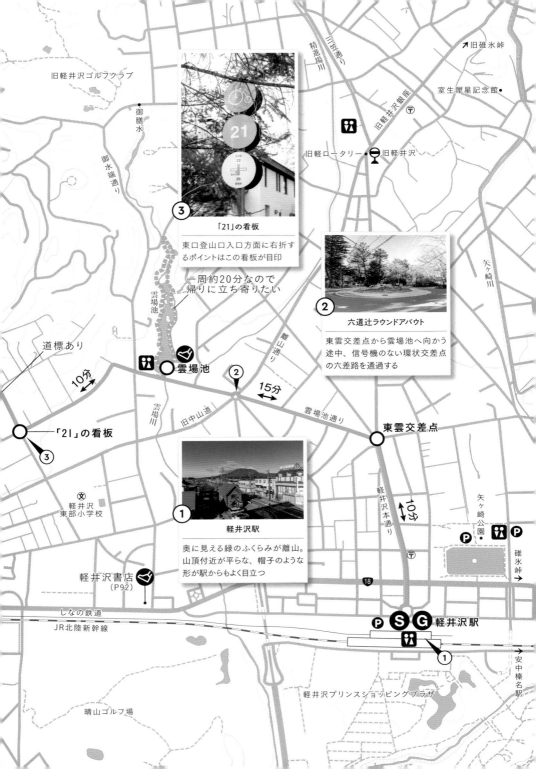

旧軽井沢ゴルフクラブ

御膳水

御水端通り

旧軽井沢ゴルフクラブ

室生犀星記念館●

旧軽井沢銀座

旧軽ロータリー● 旧軽井沢

➚旧碓氷峠

矢ヶ崎川

③

「21」の看板

東口登山口入口方面に右折するポイントはこの看板が目印

一周約20分なので帰りに立ち寄りたい

雲場池

②

六道辻ラウンドアバウト

東雲交差点から雲場池へ向かう途中、信号機のない環状交差点の六差路を通過する

道標あり

10分

「21」の看板

③

雲場川

雲場池

旧中山道

離山通り

②

15分

雲場池通り

東雲交差点

軽井沢本通り

10分

矢ヶ崎公園●

P ♿ P

碓氷峠 →

文
軽井沢
東部小学校

①

軽井沢駅

奥に見える緑のふくらみが離山。山頂付近が平らな、帽子のような形が駅からもよく目立つ

軽井沢書店
(P92)

しなの鉄道
JR北陸新幹線

18

P S G 軽井沢駅

①

➘安中榛名駅

軽井沢プリンスショッピングプラザ

晴山ゴルフ場

出会いを生む町の本屋

軽井沢書店

日常生活に寄り添いながら、
さまざまな出会いが生まれる憩いの空間。
ここは、軽井沢をもっと好きにさせてくれる、
町の小さな本屋さん。

どんな町にも1店舗くらいは本屋がある。それが突然姿を消した。町に本屋がない暮らしを想像できるだろうか？ 実は軽井沢町は2015年に唯一営業していた本屋が閉店した過去をもつ。島崎藤村や北原白秋、堀辰雄といった文人とゆかりのある町に本屋がない。そこで軽井沢町に本屋のある暮らしを再建するためにオープンしたのが軽井沢書店だ。

軽井沢書店は、いわゆる本屋とはちょっと違う。店内を人々が集う空間ととらえ、そこで生まれる出会いや発見を大切にしている。本はそのための手段であり、情報を得られるだけでなく、ときには過去を思い出すスイッチになったり、人と人とをつなぐコミュ

ニケーションツールにもなったりする。

本の品揃えは軽井沢町に暮らす人たちに寄り添い、日常で役立つものが中心だ。ただ、軽井沢の歴史をまとめた冊子や、個人出版の本、地方紙である軽井沢新聞社が発行する書籍や雑誌を扱うなど、軽井沢の深い魅力に出会えるのは軽井沢書店ならではといえるだろう。

集いの場として店内にはカフェが併設され、こだわりのコーヒーやソフトクリーム、ここでしか味わえないカレーやカヌレなどを取り扱う。食事を楽しみながら、気になる本を読んでみてはいかがだろう。

軽井沢町軽井沢1323
（水曜定休）
☎ 0267-41-1331

奥には雑誌や一般書籍、手前の棚には軽井沢にまつわる関連書籍やグッズが展開されている

カフェではアート作品も販売中

一般書店では扱っていない軽井沢関連の本が充実

地元で人気の
浅間カレー

甘いデザートも
要チェック!

発酵バターの
プレーンスコーン
¥ 350

全国に流通していない食雑貨も取り揃える

購入前の本を読みながらコーヒーが飲める

入り口すぐの書棚には新刊と時事関連の本が並ぶ。奥には「SHOZO COFFEE」を併設

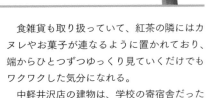

知りたいが止まらない、
もうひとつの書店

軽井沢書店 中軽井沢店

軽井沢書店中軽井沢店（以下、中軽井沢店）は、軽井沢書店に次いで2023年にオープンした。軽井沢書店は"街の本屋さん"として日常に寄り添う本が中心の品揃えになっているが、中軽井沢店は生涯学習をテーマとして、自然科学・建築・アート・デザイン・児童書・食のジャンルに特化した商品が集められている。たとえば、毎日のおかずやお弁当を考えるときは軽井沢書店へ行き、プロの技や世界の料理に触れてみたいときは中軽井沢店へ行くなど、使い分けているようだ。

また、見たことのない洋書もたくさん並び、気になる本に触れることで、ネットでは代替できない新たな出会い・発見が生まれるかもしれない。

食雑貨も取り扱っていて、紅茶の隣にはカヌレやお菓子が連なるように置かれており、端からひとつずつゆっくり見ていくだけでもワクワクした気分になれる。

中軽井沢店の建物は、学校の寄宿舎だった建物をリノベーションしたもので、軽井沢町が紡いできた歴史を大切にする思いから、頭上には以前から使われてきた木製の梁が残り、階段は当時の形をとどめている。

そんな歴史ある空間で、本が教えてくれる新しい世界との出会いを楽しんでみよう。

軽井沢町長倉鳥井原1690-1
軽井沢コモングラウンズ内
（火曜定休）
☎0267-46-8590

←お店の外は緑が多くて気持ちいい！

曲線が目を引く店舗は地域の交流施設「軽井沢コモングラウンズ」の中心に立つ

2階は仕事に使える
コワーキングスペース

店内中央。アート作品を飾っている

2階建ての店内は吹き抜けで開放的

南側の書棚は世界の料理本コーナー

英語の絵本の
種類も豊富

日々の食事に彩りを

食雑貨は見ているだけでも楽しい

09 | 石尊山
せき そん

浅間の南面でひっそりしながら、
たくさんの見どころを秘める隠れ名山。
赤く染まる血の滝は一見の価値あり!

石尊山山頂からの眺望。
浅間山のなだらかな南
斜面がよく見える

石尊山 1667m

↓濁沢の源泉を湛えるおはぐろ池

おはぐろ池

↓山頂からは群馬県方面の眺めもいい。奥の山並みは妙義山

ヤマタイムで
ルートチェック!

歩行タイム …… 約7時間25分	難易度 ……… 上級 ★★★
歩行距離 ……………… 約18km	累積標高差 ……… 約1784m

ここはかつての
修行の場

● コースポイント

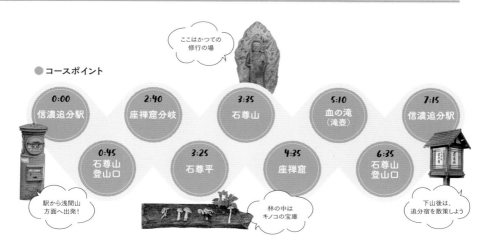

0:00 信濃追分駅	2:40 座禅窟分岐	3:35 石尊山	5:10 血の滝（滝壺）	7:15 信濃追分駅

0:45 石尊山登山口	3:25 石尊平	4:35 座禅窟	6:35 石尊山登山口

駅から浅間山
方面へ出発！

林の中は
キノコの宝庫

下山後は、
追分宿を散策しよう

　本コースの起点は、しなの鉄道信濃追分駅。まずは道路を歩き、追分宿（P99）の面影が残る通りから浅間山方面に右折すると、途端にひと気が減り雰囲気が一変。石尊山登山口を過ぎると、いよいよ足元は不整地の登山道になり、まるで樹海に迷い込んだかのような深い林があたり一帯に広がっている。

　そんな林の中に続くまっすぐな登山道を歩き、3本の林道を横断すると、木立の中に異様な光景が現われる。それが血の滝だ。

　血の滝は濁沢に懸かる約9mの直瀑で、穏やかでない名前のとおり、流れ落ちる沢水は茶褐色に染まっている。これは濁沢の水が空気に触れると変色する鉄分を多く含んでいるからで、歩を進めると地元の人々によって大切に守られている源泉に着き、湧出直後の透明な沢水を観察できる。源泉の手前には血の池とおはぐろ池があり、血の池は残念ながら堆積物で埋まってしまっている。

　源泉分岐から登山道は急登になり、約35分で山頂に出る。山頂は草原のように開けていて、腰をおろしたくなるほど気持ちがいい。

　帰路は来た道を途中で逸れて、石尊山の中腹にある座禅窟に向かおう。無数の石仏が祀られている下の座禅窟と、見上げるほど天井が高い岩屋からなる上の座禅窟は、いにしえの歴史を感じられるおすすめのスポットだ。

林の中の登山道。
一本の道が山奥へ誘う

　最後、登山道から脇に外れて血の滝の滝壺にも足を向けよう。そばで口を開ける岩屋にも、不動明王だろうか、古い石仏が祀られている。下山後、追分宿も観光すれば、丸一日充実のハイキングを楽しめる。

崖を豪快に落ちる血の滝。ドドドドドッという轟音とともに、赤褐色の水が飛沫を上げる

「浅間根腰の三宿」のひとつ
追分宿

浅間根腰の三宿とは、中山道（P38）にあったかつての軽井沢宿、沓掛宿、追分宿の総称。追分宿は江戸日本橋から数えて20番目の宿場町にあたり、西端には北国街道との分岐があり、それが名前の由来とされている。当時の分岐は「分去れ」と呼ばれ、いまでも石柱の道標が立ち、江戸から来た場合、右は北国街道、左は中山道を示している。

最盛期の追分宿には、旅籠屋が71、茶屋が18、商店が28軒もあり、本陣にあった裏門は現在、堀辰雄文学記念館の入り口で見ることができる。追分宿は伝統民謡の「追分節」でも知られており、ここから唄が各地に伝わり、越後追分や江差追分が誕生したという。

道路沿いに宿場の雰囲気が漂う

昭和に復元された追分宿高札場

堀辰雄文学記念館の入り口

趣ある石造りの常夜灯

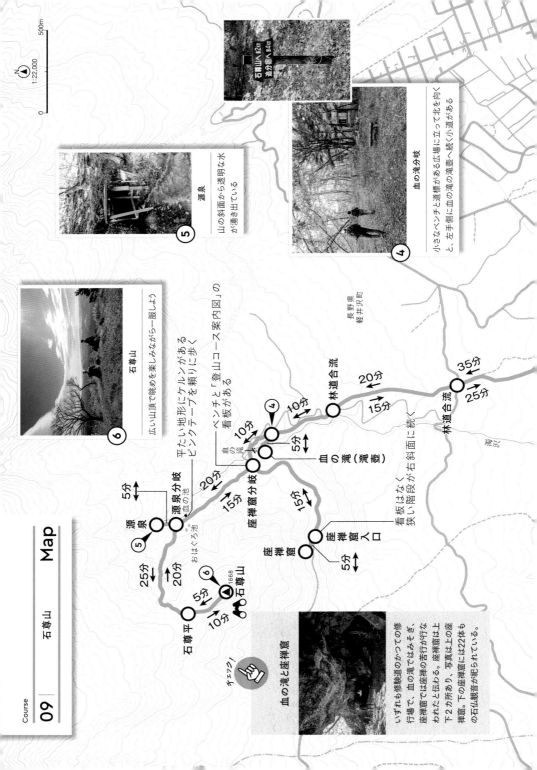

0 ─── 500m
1:22,000

⑤ 源泉
山の斜面から透明な水が湧き出ている

④ 血の滝分岐
小さなベンチと道標がある広場に立って北を向くと、左手側に血の滝を向く小道へ続く小道がある

長野県
軽井沢町

⑥ 石尊山
広い山頂で眺めを楽しみながら一服しよう

平たい地形にケルンがある
ピンクテープを頼りに歩く

ベンチと「登山コース案内図」の看板がある

血の滝分岐

源泉分岐
血の池

血の滝（滝壺）

林道合流

林道合流
35分
25分
20分
15分

濁沢

看板はなく
狭い階段が右斜面に続く

座禅窟分岐
15分
20分
10分
10分
5分
5分
15分

座禅窟入口
座禅窟

源泉
⑤
5分

25分
20分
おはぐろ池
石尊平
10分
5分
▲1668 石尊山 ⑥

チェック！

血の滝と座禅窟

いずれも修験道のかつての修行場で、血の滝では水ごり、座禅窟では座禅の苦行が行なわれたと伝わる。座禅窟は上下2カ所あり、写真は上の座禅窟。下の座禅窟には22体もの石仏観音が祀られている。

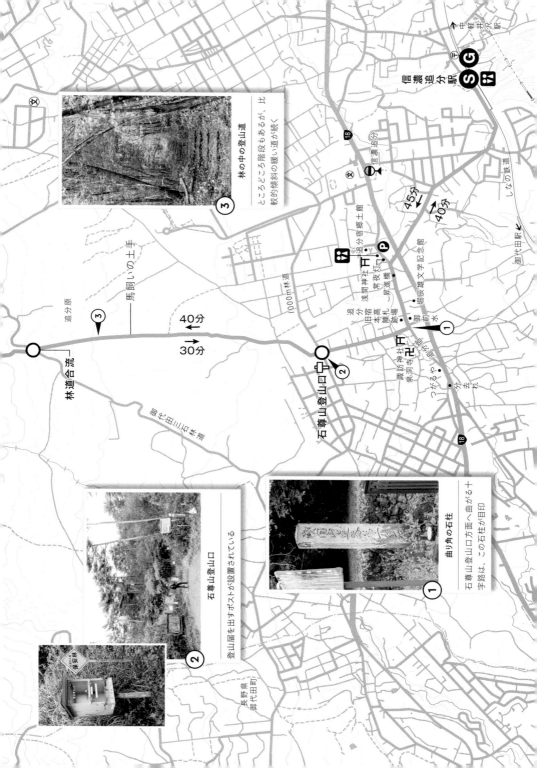

林の中の登山道

ところどころ階段もあるが、比較的傾斜の緩い道が続く

③

③

馬飼いの土手

追分原

林道合流

御代田三石林道

40分 ←
30分 →

石尊山登山口 ⑦

②

40分 ←
45分 ←

1000m林道

追分宿郷土館

浅間神社 ⑦

昇進橋
常夜灯
御前水
堀辰雄文学記念館

追分宿
旧本陣跡

諏訪神社 ⑦
泉洞寺 卍

つがるや
追分去れ
分去れ

信濃追分

18

⊗

⑦

P

G S ⑦
⊤

信濃追分駅

中軽井沢駅へ

しなの鉄道

御代田駅へ

18

石尊山登山口

登山届を出すポストが設置されている

②

保安林

長野県
御代田町

曲り角の石柱

石尊山登山口方面へ曲がる十字路は、この石柱が目印

①

⑦

① →

10 | 黒斑山
くろ ふ

浅間山を近くに望む人気絶景スポット。
清々しい車坂峠をベースにして、
ハイキング＆温泉＆グルメを堪能！

到着した黒斑山の山頂。頂上から眼下に広がる裾野まで、浅間山の雄大な山容を一望できる

↓黒斑山から見た蛇骨岳。登山道が続いている

↓トーミの頭直下。麓の町並みの眺めがいい

ヤマタイムで
ルートチェック!

歩行タイム …… 約2時間45分		難易度 ……… 中級 ★★☆	
歩行距離 …………… 約5.2km		累積標高差 ………… 約990m	

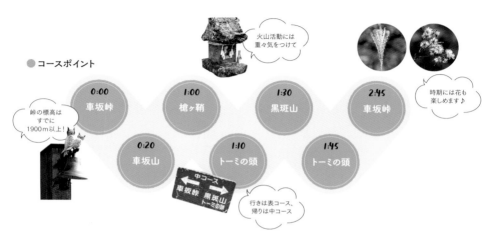

火山活動には
重々気をつけて

時期には花も
楽しめます♪

● コースポイント

峠の標高は
すでに
1900m以上!

| 0:00 車坂峠 | 1:00 槍ヶ鞘 | 1:30 黒斑山 | 2:45 車坂峠 |
| 0:20 車坂山 | 1:10 トーミの頭 | 1:45 トーミの頭 | |

中コース
車坂峠 ← → 黒斑山
トーミの頭

行きは表コース、
帰りは中コース

浅間山の西側に立つ黒斑山は、遮るものが一切ない浅間山の眺めのよさで知られている。花の百名山にも選定され、コマクサやヒメシャジンなど、5月から9月までさまざまな高山植物が迎えてくれる。さらに、冬は初心者向けの雪山としても有名で、一年中、多くの登山者でにぎわっている。

黒斑山に登る行程は、車坂峠を起点にするのが最も短い。登山道は2つあり、明るく展望がいい表コースを登り、中コースを下る行程を紹介する。

浮き石の多い坂道を登る。槍ヶ鞘まであとひと息

車坂峠を出発すると、すぐに車坂山に着く。そこから登山道は下り坂になり、再び道が斜面を登り始めると、徐々に後ろの景色が開けて展望がよくなってくる。

足元の悪い登山道を歩き、しばらくしてから階段を上るとシェルターに到着。その先が槍ヶ鞘で、すでに浅間山の眺望がいい。

ここから黒斑山までは、雄大な浅間山を目いっぱい楽しめるパノラマ区間だ。あまりの眺めのよさに心が躍るが、トーミの頭まではガレ場の急坂が続く。注意散漫にならないように気をつけよう。

シェルターは噴火に備えて設けられている

トーミの頭からわずかに樹林の中を歩き、約20分で黒斑山に到着。山頂は広くないので、休憩や記念撮影は譲り合って行なおう。

帰りはトーミの頭から急坂を下った先で右に進路を変えて、中コースを歩く。

朝から登り始めると、車坂峠に着くころはちょうどお昼の時間だろう。近隣の施設に立ち寄り、グルメや温泉も楽しみたい。

中コースは苔がキレイ

● アクセス（往復）

● 小諸IC

車

● 車坂峠

上信越道小諸ICから約18km。所要時間は約27分。バスも利用でき、JR佐久平駅かJR小諸駅から「高峰マウンテンリゾート」行きに乗り、高峰高原ホテル前バス停下車。便は午前と午後に1本ずつ。JR佐久平駅から約55分。

⑥　**カラマツの森**

車坂峠が近くなるとカラマツの森が広がる。紅葉の時期は針葉樹が黄色く染まり、まるで黄金郷のような美しさ

（P106）高峰高原
ビジターセンター

車坂峠

P

S　G

①

高峰温泉（P107）

高峰高原ホテル前

高峰高原
ホテル（P106）

⑥

20分

梢の奥に八ヶ岳の
連なりを確認できる

車坂山

表コース

足元に大きな石が増える

②

チェリーパークライン

①　**車坂峠**

ここから表コースと中コースに分かれる

②　**表コース中盤の絶景**

車坂山を下り、再び斜面を登り標高を上げると、背後に見渡すかぎりの展望が広がる

小諸IC　↓　天狗温泉　浅間山荘（P107）

▲ 蛇骨岳
2366

⑤ トーミの頭

岩が露出する絶景スポット。撮影に夢中になって東側の崖から落ちないように注意しよう。休憩にも最適

④ 中コースとの分岐

帰りは道標に従って中コースへ進む

このあたりは踏み跡が多く
登山道がわかりづらい

中コース

1時間

40分

針葉樹の森の中を
緩やかに下る

トーミの頭から黒斑山までは
樹林帯の中を歩く

🔭 ▲黒斑山
2404

東面が開けて
浅間山が間近に迫る

↑20分

↓15分

草すべり

⑤ ▲🔭 トーミの頭

→10分

⚠ ガレ場の急坂
転倒に注意

④

シェルター●

○ 槍ヶ鞘 🔭
③

階段の道が続く

③ 槍ヶ鞘

ここから黒斑山に至るまで、右手側の視界が開けて浅間山の勇姿が間近に迫る

N

1:8,000

0　　　100m

浅間の近くでプチ観光

高峰高原・天狗温泉

黒斑山から下山したら、
近隣の施設で汗を流してみてはいかが？
日帰り入浴や食事を楽しめる
立ち寄りどころをチェックしよう！

スカイラウンジからは雲海も楽しめる

雲上のラウンジ＆
温泉でひと休み

高峰高原ホテル

温泉は良質なナトリウム塩化物泉。ガラス越しに広がる標高2000mの絶景が登山の疲れを癒やしてくれる。眺めのいいスカイラウンジでは、富士山が見える日にコーヒーのお代わり1杯無料サービス中。キッシュやケーキなども注文でき、地ビールや高原のジュースなどで乾いた喉も潤せる。

小諸市高峰高原704
☎ 0267-25-3000

ホテルは斜面に立っている

光が差し込む明るい浴場

2階に買い物＆
カフェスペースあり

高峰高原
ビジターセンター

車坂峠の目の前に立つ高峰高原の総合案内所。2階で観光案内やハイキング情報をまとめた冊子を入手でき、アウトドアグッズや登山記念のバッジなども購入可能。テラス席があるカフェも併設されていて、ドリンクのほか、地元食材を使ったランチなども楽しめる。

小諸市高峰高原
☎ 0267-23-3124

テラス席は好展望

浅間山をイメージした天空シチュー

冊子は2階の一角で無料配布中

入り口は
車坂峠のすぐ近く

昼食と温泉を
セットで楽しもう!

高峰温泉

車坂峠から約1kmの距離
にあるランプの宿。昼食の
お品書きは、石臼で挽いた
そば粉を使った手打ち蕎麦
や、お刺身や煮物が付くお
弁当など。日帰りではラン
プの湯に入浴でき、光が灯
るノスタルジックな雰囲気
が心地いい。炭酸水素塩泉
の源泉かけ流しで、冷泉と
加温泉の湯船がある。

小諸市高峰高原
☎0267-25-2000

（左）ランプが灯る幻想的な館内 （右）日帰り入浴は11〜16時

宿泊も
お待ちしています

天狗も入ったという
浅間の秘湯

気軽に
立ち寄ってくれワン!

天狗温泉
浅間山荘

浅間山の中腹にある秘湯の
宿。鉄鉱成分を多く含み空
気に触れると茶褐色に変化
する温泉は、その昔天狗が
入浴したためこのような色
になったとか。昼食も営業
しており、一押しは地元の
そば粉を100%使用した手
打ちそば。温かいうどんや
天ぷらなどもいただける。

小諸市甲又4766-2
☎0267-22-0959

場所は車坂峠から車で約30分

山の3品そばセット。1500円

日本のポンペイと呼ばれ
歴史に残る大噴火を起こした

日本を代表する活火山「浅間山」

天明の大噴火の様子

天明3年の浅間山噴火を描いた「夜分大焼之図」　所蔵：美斉津洋夫　画像提供：浅間縄文ミュージアム

昭和48年に噴火した浅間山の様子

昭和48年の噴火の際は、北側斜面へ小規模な火砕流が発生した　　画像提供：小諸市教育委員会

天明の大噴火の被害分布

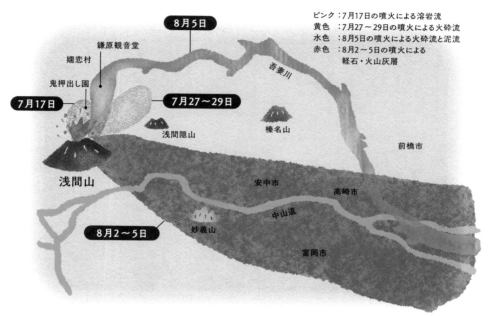

ピンク：7月17日の噴火による溶岩流
黄色 ：7月27〜29日の噴火による火砕流
水色 ：8月5日の噴火による火砕流と泥流
赤色 ：8月2〜5日の噴火による
　　　軽石・火山灰層

8月5日

鎌原観音堂
嬬恋村
鬼押出し園
7月17日
7月27〜29日
浅間隠山
吾妻川
榛名山
前橋市
浅間山
安中市
高崎市
8月2〜5日
妙義山
中山道
富岡市

※市町村名は現在のものを表記

軽井沢の街からは、どこからでも見えるため、ふるさとの山として親しまれている浅間山。その美しい円錐形の山容は多くの人々を魅了するが、有史以来何度も噴火を繰り返してきた。そのなかでも最も知られている大規模噴火が、江戸時代に起こった「天明の大噴火」だ。

噴出した火砕流（火山灰や軽石が高温の火山ガスと一緒に流れ出たもの）は猛スピードで広がり、火口から約13km北にあった鎌原村を数分で埋め尽くした。当時、村には約570人が生活していたが、477人が犠牲になったという。命が助かったのは、噴火時に村にいなかった者と、高台にあ

浅間山釜山火口　気象庁HPより転載

った観音堂に避難した者だけだった。イタリアにも火山の噴火によって埋没した古代ローマの都市があるが、これになぞらえて鎌原地区は「日本のポンペイ」と呼ばれている。そして、鎌原村を襲った火砕流は吾妻川に流れ込んで泥流となり、下流に住む50以上の村を襲い、1500人以上の命を奪った。そのときの遺体は、現在の東京湾や千葉県の銚子まで流れ着いたという。

さらに噴火によって空に舞い上がった火山灰も、大きな被害を及ぼした。関東から東北にまで及んだ降灰は、農作物の葉を覆って生育を妨げ、天明の大飢饉の原因のひとつにもなったといわれている。

浅間山の噴火がもたらした
山麓の豊かな恵み

軽井沢町のキャラは
浅間山を模した
ルイザちゃん

浅間山の噴火に由来する土壌が、おいしい高原野菜を育ててくれる（画像提供：嬬恋村観光協会）

浅間山は何度も噴火を繰り返し、山麓に火山灰を降り積もらせてきた。その火山灰からできた黒ボク土は、ミネラルを多く含み水はけがよいという特徴がある。そんな環境を利用して始まったのが、キャベツをはじめとする高原野菜の栽培だった。

江戸時代までの軽井沢周辺の農家は、ヒエやアワなどの雑穀類を生産していた。しかし、明治になって外国人が避暑地として訪れるようになると、洋食に使われるキャベツの栽培を開始。標高900〜1100mで、気温も冷涼なこともあって高原野菜の一大産地となった。

天明の大噴火で一度は壊滅的な被害を受けた浅間山の山麓であったが、現在では見事に復興を成し遂げたのだった。

そのなかでも軽井沢町の北に位置する群馬県の嬬恋村は、キャベツ出荷量が全国1位で、7月から10月の4カ月間に約1億5000万個も生産されている。また、肥沃な土壌と昼夜の寒暖差の大きい気候は、キャベツだけでなくじゃがいもやとうもろこし、白菜やレタスなども糖度が高くおいしいものを育ててくれる。特に6〜9月にかけては旬の野菜がたくさん採れるので、ぜひ味わってほしい。

おいしい特産品

夏秋キャベツ

7月から10月に高冷地で育てられた夏秋キャベツは、葉がしっかりと巻かれ、柔らかくて甘味が強いのが特徴。浅間山北麓に位置する嬬恋村は、日本一のキャベツ生産地として知られる。

とうもろこし

浅間山麓のとうもろこしは、実がぎっしりと詰まり、甘味が強い。特に真っ白な「ピュアホワイト」は、黄色い実の品種よりも糖度が高く、実が柔らかいので、生のまま食べられる。

鎌原きゅうり

普通のきゅうりよりも大きく、瑞々しい。あまり市場に出回ることがない嬬恋村の特産品なので、見つけたらぜひとも買ってみたい。冷やして塩や味噌をつけて食べると本当においしい。

じゃがいも

火山灰土壌で育ったじゃがいもは、豊富なミネラルをしっかりと含むので味が濃くておいしい。しかも昼夜の寒暖差があって冷涼な気候が、糖度を高めてくれるので甘味も強い。

花豆

標高の高い寒冷地でないと収穫できない豆の品種。特に浅間高原で採れるものは、実がひと回りほど大きく、高級品として知られる。甘納豆や甘露煮としてお土産に加工された製品もある。

浅間ベリー

ブルーベリーが日本に伝わる以前から、ジャムとして加工されてきた軽井沢の名産品。クロマメノキという品種で、天然ならではの爽やかな酸味と深いコクがあるのが特徴。

チェック!

産直へ行ってみよう!

軽井沢町や嬬恋村などでは、地元で採れた朝採り野菜を販売している直売所が多く、同じ野菜でもスーパーより新鮮で安い。ピュアホワイトなど人気の野菜は、午前中に売り切れてしまうことがあるので、早めの時間に行ってみよう。

（上）嬬恋村の久保農園直売所
（左）旬の野菜がずらりと並ぶ

11 | 小浅間山

浅間山の脇にある小さなコブ山からは
浅間山もちろん、軽井沢市街や
群馬の妙義山まで、ぐるっと丸見え！

山頂からは浅間山東面を見る。うっすら見える本峰への道は入山規制のため通行禁止

↓だだっ広い山頂は空が大きい

←山頂から下って、西峰に向かう登山者

→お手製の「小浅間山」の山頂板

ヤマタイムで
ルートチェック！

歩行タイム	……… 約2時間	難易度 ………	初級 ★☆☆
歩行距離	……… 約4km	累積標高差 ………	約614m

● コースポイント

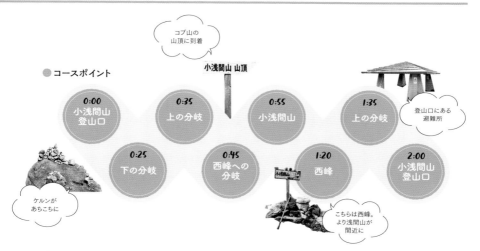

コブ山の
山頂に到着

小浅間山 山頂

| 0:00 小浅間山 登山口 | 0:35 上の分岐 | 0:55 小浅間山 | 1:35 上の分岐 |
| 0:25 下の分岐 | 0:45 西峰への分岐 | 1:20 西峰 | 2:00 小浅間山 登山口 |

登山口にある
避難所

ケルンが
あちこちに

こちらは西峰。
より浅間山が
間近に

「汽車の窓からこんなに眼近く、高く、大きく、秘密なげに仰がれる山は、他に例がない」と深田久弥が『日本百名山』に書いたように、浅間山は眺めてよい山だ。なかでも小浅間山は東に位置する寄生火山（大きな火山の中腹にできた小さな火山）で、遠目にもピョコッと盛り上がって見える。登山口からの標高差は300mしかないが、浅間山の懐に入って大パノラマを満喫できる山だ。

峰の茶屋バス停前には、駐車場と公共トイレがある。登山口に立つ東大火山観測所の脇の登山道を抜けていくと、上の分岐あたりで樹林帯が開ける。馬返しで北東方向に鋭角に曲がる。ちなみに馬返しから先、浅間山本峰への登山道は、現在立ち入ることはできない。

噴火警戒レベル2
までは登山道通行可

馬返しからザレの道は急勾配になってくるので、足回りはしっかり準備して、滑らないように登ろう。西峰への分岐を過ぎるあたりから、道が不明瞭なほど広々とした斜面になり、山頂板のある東峰をめざす。

山頂は周遊できるほどの広さなので、気に入った見晴らしのよい場所でのんびり過ごすのがいい。南側を望めば市街地の近くの離山（P86）や、千ヶ滝（P58）や湯川の谷が穿っているのがわかり、それらを巡る遊歩道やハイキングコースも楽しみだ。

いったん下り、西峰にも上がって浅間山の風景を堪能したら、ザレに足を取られないよう気をつけながら登山口へと下ろう。

登山道脇にはカラマツやシラカバなど

N
1:5,000
0　　　　　　100m

⑤
小浅間山西峰
西峰からの浅間山。左右に裾野を広げた端正な姿を間近で見られる

小浅間山
▲1655

⑤
▲ 西峰

地形図と山頂が異なる。ここに「小浅間山」の山頂板がある

分岐　　　　　小浅間山　③

山頂まで砂礫の道となるので、登下降時のスリップに注意

15分
10分
5分

③
西峰への分岐

このあたりで樹林帯を抜け、急な登りが始まる

10分
5分

④

5分

一周約15分

馬返し

上の分岐

ここから分岐する浅間山への登山道は通行止め

5分

10分

下の分岐

分岐の道は上も下も時間的に大差はない

チェック！

お食事処・峰の茶屋

小浅間山登山口前に立つ峰の茶屋は、浅間山登山者が宿泊できる山小屋として、1910（明治43）年に開業。現在は食事処として、写真の天ぷらそばほか、うどんやビーフカレーなどを提供。不定休なので事前に確認を。

軽井沢町長倉2131-2
☎0267-45-5158

④
展望抜群！
山頂南側の周回路途中に岩場があり、ここからの展望もいい。軽井沢市街地など一望できる

万座温泉↑   草津↑

③ 山頂へ向かって

馬返しを過ぎると展望が開ける。山頂は目前だが、ザレた道に足を取られて歩きにくい

● **アクセス（往復）**

● JR北陸新幹線軽井沢駅

│ 草軽交通・西武観光バス

● 峰の茶屋バス停

軽井沢駅北口2番線乗り場・草軽交通バス北軽線08北軽井沢行き、急行線01急行草津温泉行きで、峰の茶屋バス停までは28分。また、北口1番線乗り場・西武観光バス中軽井沢駅経由草津温泉行きで35分。登山口はバス停のすぐ前。

長野県
軽井沢町

② 馬返しへの道

小浅間山の山腹を巻くように、馬返しまで平坦な道が続く。木々に囲まれて気分よく歩く

鬼押ハイウェイ

白糸の滝（P62）→

② ➤

146

信濃路自然歩道

25分 ←
20分 →

① 小浅間山登山口

噴火警戒レベル情報の看板や登山届ポストなどが立つ

⛩ **小浅間山登山口**

東大
火山観測所

Ⓢ
Ⓖ ・峰の茶屋
Ⓟ ・峰の茶屋の駐車場
① Ⓟ 🚻
🍷

峰
の
茶
屋

↑
避難所

中軽井沢駅↘

12 | 天丸山
てん まる

山というより、高原のなかにある小高い丘。
牛が草を食む牧歌的風景のなか、
爽やかな風に吹かれて、のんびり山頂へ。

牧場なので一帯は遮る
ものがない。「展望の
道」から望む浅間山

↓牛たちと目が合う。遠くから眺めるだけ

↓牧場なので、道の脇には働く車が並ぶ

ヤマタイムで
ルートチェック!

歩行タイム	…………	約2時間	難易度	………	初級 ★☆☆
歩行距離	…………	約5km	累積標高差	………	約184m

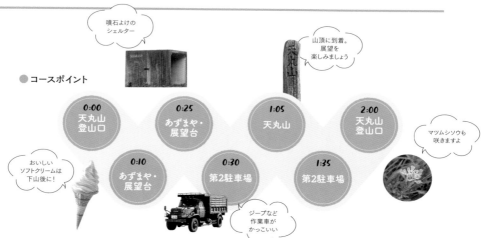

噴石よけの
シェルター

● コースポイント

0:00
天丸山
登山口

0:25
あずまや・
展望台

1:05
天丸山

山頂に到着。
展望を
楽しみましょう

2:00
天丸山
登山口

マツムシソウも
咲きますよ

おいしい
ソフトクリームは
下山後に!

0:10
あずまや・
展望台

0:30
第2駐車場

ジープなど
作業車が
かっこいい

1:35
第2駐車場

長野県側の軽井沢町から浅間峠を越えて、群馬県側の北軽井沢浅間高原の浅間牧場内にあるのが天丸山。山というより小高い丘といっていいが、浅間山麓の雄大な展望を味わえる。

北軽井沢は明治時代からの開拓の地。浅間牧場は有名な昭和歌謡「丘を越えて」のモデルとなった丘があり、歌碑も立つ。また、日本初のカラー映画「カルメン故郷に帰る」のロケ地でもあり、「この木の下で牛に蹴られてオツムがおかしくなった」とある「カルメンの木」が「展望の道」で見られる。カルメンが故郷に錦を飾る草軽電気鉄道(P48)が近くを通っていたように、牧場一帯はクラシカルでハイカラな風情に満ちている。

ここ
すべ
り
ま
す。

第2駐車場から先は道路脇の草地を歩くので注意

天丸山山頂まではゆったりとした遊歩道を巡るので、山慣れていない人でも歩きやすい。第1駐車場から第2駐車場までは「展望の道」と「樹林の道」があるので往路と復路を変えて歩けば、遠望だけでなく樹林やススキ野原も楽しめる。また、天丸山とその周辺では、初夏にはレンゲツツジ、初秋にはマツムシソウやワレモコウなども咲くので、花の時期に訪ねるのもいいだろう。

道標横にはかわいい
手作りの木のオブジェ?も

この牧場は「浅間家畜育成牧場」として、農家から乳用の牛たちを預かっている。牛たちへの伝染病予防のため、遊歩道以外は立ち入り禁止。帰路は往路を戻るが、周遊するルートをとりたいなら牧場認定ガイド同伴が必要となるので気をつけよう。

牛います

群馬県
嬬恋村

草津 ↑

天丸山登山口バス停

第一駐車場

地粉そば処
みのり・

浅間牧場茶屋・

146

浅間牧場

群馬県
長野原町

峰の茶屋

片蓋川

① カルメンの木

映画に登場した「カルメンの木」は
展望の道から遠望できる

🔭 あずまや・展望台

① 🅿🚻🅢🅖

10分 →

② ⚪

浅間牧場売店・案内所

避難所・

「丘を越えて」の碑が立つ。
一帯は広い芝生の広場

展望の道

15分 → ✳

25分 ←

🔭 あずまや・展望台 **③**

⑥

樹林の道

第2駐車場

5分

🅿 ⓘ

浅間牧場

チェック！
☝

てんまる

**浅間牧場売店
てんまる**

店名はもちろん天丸山か
ら。「浅間高原ソフトクリ
ーム」はミルクの味が濃
厚。新鮮な牛乳や夏はか
き氷も人気。下山後にぜ
ひ味わいたい。ジャムな
ど土産物も購入できる。

群馬県吾妻郡長野原町
北軽井沢2032-23
浅間牧場敷地内

⑥ 帰りは「樹林の道」へ

広い道をゆるゆる下っていく。その名のとおり樹
林に囲まれて展望はない。

② 「丘を越えて」の碑

この風景のなかで、この歌が誕生したのもうなずける。鼻歌まじりに歩いていこう

③ あずまやから浅間山

あずまやは浅間山の眺めがいい場所に立つので、山頂まで行かずとも……という気分になる

● アクセス（往復）

● JR北陸新幹線軽井沢駅
　　│ 草軽電鉄バス
● 浅間牧場バス停

軽井沢駅北口2番線乗り場・草軽交通バス北線08北軽井沢行き、急行線01急行草津温泉行きで、浅間牧場バス停までは34分。バス停から徒歩3分ほどで牧場。浅間牧場売店裏から「展望の道」へ。

④ 車道を横断

牧場の専用道路を渡って、道路脇の遊歩道から山頂へ。このあたりはマツムシソウが咲く

天丸山まで舗装路沿いの
遊歩道を歩く

35分 →
← 30分

④ 道路を渡る

✳ マツムシソウなど

この間は舗装路を歩く

浅間山が美しい

▲1344
天丸山

⑤

⑤ 天丸山山頂

山頂直下は緩い階段状の登り。短い距離だが、平坦な道が続いたので少しキツく感じるかも

1:8,500
0　　　　　100m

13 | 浅間隠山

あさ ま かくし

眺望バツグンの知られざる名山。
カラマツやミズナラの森を歩き、
空に飛び出すような山頂へ。

平坦で開けた浅間隠山
の山頂。西の空の遠く
に浅間山がよく見える

↓平日でも多くの登山者に出会うほど人気が高い

←序盤、カラマツの林の中を歩く

→ササヤブを抜けると清々しい展望が待っている

ヤマタイムで
ルートチェック!

歩行タイム …… 約3時間45分　　難易度 ……… 中級 ★★☆

歩行距離 …………… 約6.7km　　累積標高差 ……… 約1088m

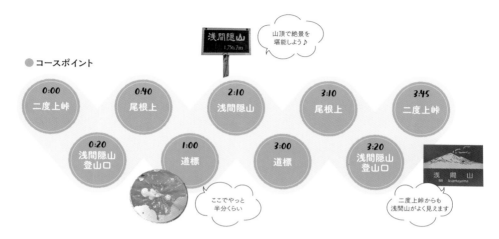

浅間隠山
1756.7m

山頂で絶景を
堪能しよう♪

● コースポイント

| 0:00 二度上峠 | 0:40 尾根上 | 2:10 浅間隠山 | 3:10 尾根上 | 3:45 二度上峠 |

| 0:20 浅間隠山登山口 | 1:00 道標 | 3:00 道標 | 3:20 浅間隠山登山口 | 浅間山 Mt.Asamayama |

ここでやっと
半分くらい

二度上峠からも
浅間隠山がよく見えます

　軽井沢町から北東に位置する浅間隠山は、一部で"特級"と評されるほどの絶景が待つ、知る人ぞ知る展望山だ。北東麓に浅間隠温泉郷があり、そこから見るとこの山が浅間山を隠してしまうことが山名の由来とされる。

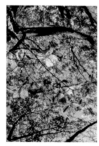

秋は赤や黄色に色付く
木の葉が美しい

　浅間隠山に向かう登山道はいくつかあり、二度上峠方面からがよく登られている。体力に自信があれば、二度上峠を起点にして同日に鼻曲山（P124）を登るのもおもしろい。

　二度上峠に車を停めた場合、浅間隠山登山口までは車道歩きになる。浅間隠山だけに登るなら、登山口の近くにある駐車スペースを利用するといい。ここには簡易トイレも設置されている。

　登山口からは谷筋に道が続く。足元が滑る場所もあるので注意したい。

　斜面を登り尾根の上に出ると、今度は明るい森に癒やされながら、ゆっくり標高を上げていく。

　プラスチックの白い道標を過ぎると、いよいよ本コースの核心だ。つづら折りの坂道を登り、しばらくすると急斜面の直登を強いられる。この区間は、特に下山時に足を滑らせて転倒しないように注意しよう。

　急坂を登りきると登山道は左に折れ、ササヤブの奥に続いている。ところどころヤブが途切れたところで眼前に広がる好展望に気分をよくすれば、山頂は間もなくだ。頂上では360度の大パノラマが待っている。

植生保護のため、
登山道を外れずに歩こう

朝日を浴びてのんびりハイク

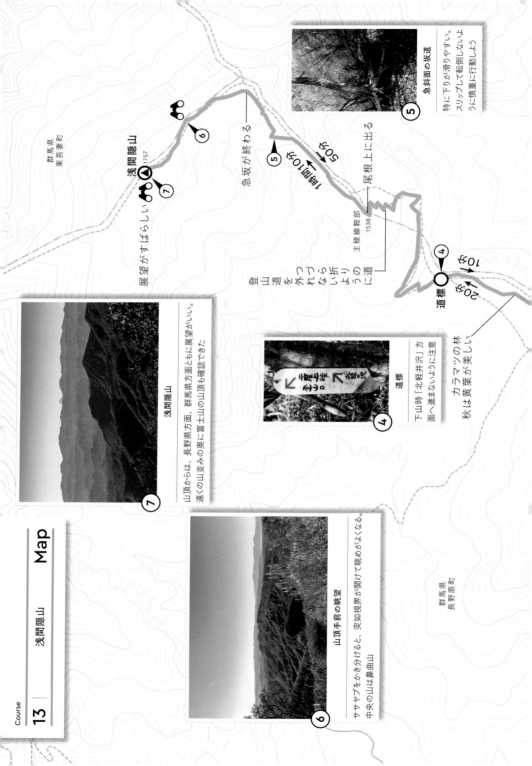

群馬県
東吾妻町

群馬県
長野原町

浅間隠山 ▲1757

⑦ 展望がすばらしい

⑥ 山頂手前の眺望

ササヤブをかき分けると、突如視界が開けて眺めがよくなる。中央の山は鼻曲山

⑦ 浅間隠山

山頂からは、長野県方面、群馬県方面ともに展望がいい。遠くの山並みの奥に富士山の山頂も確認できた

急坂が終わる

⑤

⑤ 急斜面の坂道

特に下りが滑りやすい。スリップして転倒しないように慎重に行動しよう

尾根上に出る

主稜線鞍部
1538

この道を折れ外れないように

登山道

1合目10分
5分

道標 ④

④
10分
20分

カラマツの林
秋は黄葉が美しい

④ 道標

下山時「北軽井沢」方面へ進まないように注意

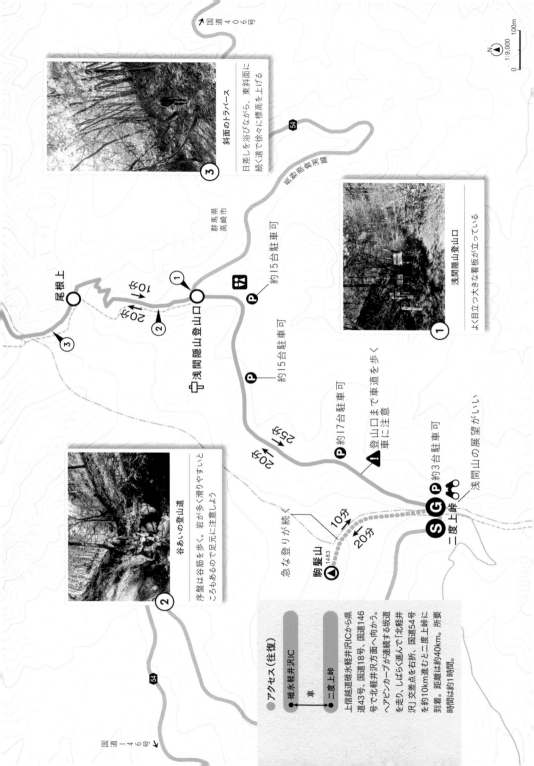

国道406号

1:9,000
0 100m
N

群馬県
高崎市

峠霧原観測線

54

斜面のトラバース

日差しを浴びながら、東斜面に続く道で徐々に標高を上げる

③

尾根上

10分
↑
20分
↓
②

⛩ 浅間隠山登山口

① 浅間隠山登山口

P 約15台駐車可

🏠

P 約15台駐車可

③

② 合あいの登山道

序盤は谷筋を歩く。岩が多く滑りやすいところもあるので足元に注意しよう

浅間隠山登山口

よく目立つ大きな看板が立っている

P 約17台駐車可

⚠ 登山口まで車道を歩く
車に注意

25分
↑
20分
↓

駒髪山 ▲1483

10分
↑
20分
↓

急な登りが続く

二度上峠

S G
P 約3台駐車可
🧗

浅間山の展望がいい

● アクセス（往復）

　　　碓氷軽井沢IC
車　　　　　　　　二度上峠

上信越道碓氷軽井沢ICから県道43号、国道18号、国道146号で北軽井沢方面へ向かう。ヘアピンカーブが連続する坂道を走り、しばらく進んで北軽井沢J交差点を右折。国道54号を約10km進むと二度上峠に到着。距離は約40km。所要時間は約1時間。

国道146号 →

14 │ 鼻曲山

はな まがり

日帰りコースと侮るなかれ。
いくつものアップダウンを越えて、
秋はカエデの紅葉狩り。

紅葉シーズンは色づく
カエデがハイキングを
盛り上げてくれる

↓大天狗から広がる群馬県側の展望

↓道中、浅間隠山の山容を確かめることができた

ヤマタイムで
ルートチェック!

歩行タイム	…… 約3時間55分	難易度	……… 中級 ★★☆
歩行距離	…………… 約6.8km	累積標高差	……… 約1302m

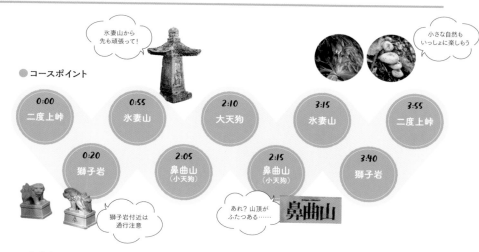

氷妻山から
先も頑張って!

小さな自然も
いっしょに楽しもう

● コースポイント

0:00 二度上峠	0:55 氷妻山	2:10 大天狗	3:15 氷妻山	3:55 二度上峠

0:20 獅子岩	2:05 鼻曲山（小天狗）	2:15 鼻曲山（小天狗）	3:40 獅子岩

獅子岩付近は
通行注意

あれ? 山頂が
ふたつある……

鼻曲山

鼻曲山は長野と群馬の県境にまたがり、浅間山（P120）から見て二度上峠を挟んだ南に位置する。南北に連なる山稜の一部でもあり、南へ向かえば、留夫山、一ノ字山を越えて旧碓氷峠まで歩くこともできる。

浅間山の眺めがいい二度上峠を出発して、約20分で獅子岩に到着。獅子岩自体はヤブに覆われていて判然としないが、そばに看板が立っている。手前に木の根がむき出しの土壁があるので、両手両足を使い滑落に気をつけながら通過しよう。

山頂まで3.5km。
これがなかなか遠く感じる

獅子岩を過ぎると森の中にカエデが現われ、秋は木漏れ日が美しい。
氷妻山は樹林の中にあるピークで展望がない。

氷妻山から急な坂道を下ると、地形はササ原とカヤトが広がる平坦な尾根になる。一部、登山道が不明瞭なポイントがあるので、道に迷わないように注意しよう。

いよいよ鼻曲山の山頂が近づくと、まるで門番のように立ちふさがる急坂が目の前に現われる。見上げるほどの急斜面の終わりをめざして息も切れ切れに登れば山頂は間もなくだ。

鼻曲山には小天狗と大天狗と呼ばれる2つのピークがあり、それぞれに山頂を表わす看板が取り付けられている。浅間山の眺めがいいのは小天狗で、休憩に適したスペースもある。大天狗は東側の切り立つ崖の真上にあり、群馬県側の眺めがいい。

清々しい景色を楽しんだら、帰りは来た道を戻る。

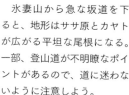

獅子岩付近の危険
ポイント。滑落注意

Course

14 | 鼻曲山 | Map

←国道146号

アクセス（往復）

● アクセス（往復）

| 碓氷軽井沢IC |
| 車 |
| 二度上峠 |

上信越道碓氷軽井沢ICから県道43号、国道18号、国道146号で北軽井沢方面へ向かう。ヘアピンカーブが連続する坂道を走り、しばらく進んで「北軽井沢」交差点を右折。国道54号を約10km進むと二度上峠に到着。距離は約40km。所要時間は約1時間。

① カエデの森

秋は南から日差しを浴びて紅葉が燃えるように輝く

② 氷妻山

展望はないが、道標に設置されている山と恋人とゴミをかけた標語がおもしろい

1483 駒髪山

↗浅間隠山 浅間山登山口

54

二度上峠 S G P

20分
15分 →

← ·1445
獅子岩 ①

木の根がむき出た垂直の土壁あり
滑落に注意する

まっすぐ続く急坂

35分

群馬県
長野原町

25分

行きは急坂の下り
スリップに注意

展望なし
氷妻山 ▲1468
②

二度上峠

チェック！

浅間山がよく見える格好の展望スポット。天気がよければ、浅間山の右奥に北アルプスの後立山連峰も確認できる。道路の脇に約3台分の駐車スペースがある。

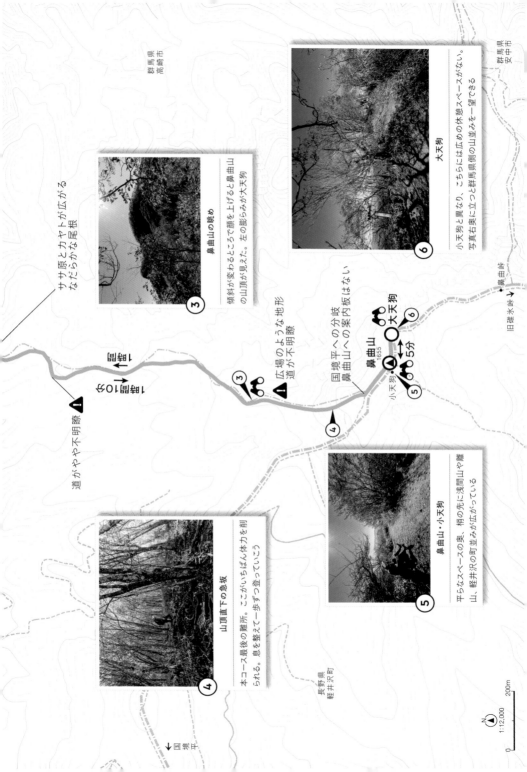

群馬県 高崎市

群馬県 安中市

③ 鼻曲山の眺め
傾斜が変わるところで顔を上げると鼻曲山の山頂が見えた。左の膨らみが大天狗

⑥ 大天狗
小天狗と異なり、こちらには広めの休憩スペースがない。写真右奥に立つと群馬県側の山並みを一望できる

④ 山頂直下の急坂
本コース最後の難所。ここがいちばん体力を削られる。息を整えて一歩ずつ登っていこう

⑤ 鼻曲山・小天狗
平らなスペースの奥、梢の先に浅間山や離山、軽井沢の町並みが広がっている

ササ原とカヤトが広がる なだらかな尾根

道がやや不明瞭

碓氷峠 ↑10分

旧碓氷峠 →

鼻曲峠

広場のような地形 道が不明瞭

国境平への分岐 鼻曲山への案内板はない

鼻曲山 655

小天狗

大天狗 ⑥

⑤ ↔ 5分

長野県 軽井沢町

← 国境平

N
1:12,000
0　　　　200m

● 執筆&編集
大関直樹
吉澤英晃

● 本文写真
高橋郁子
中村英史

● デザイン
尾崎行欧
本多亜実
炭谷 倫
（尾崎行欧デザイン事務所）

● 地図製作
アトリエ・プラン

● イラスト
ヨシイアコ

● DTP
ベイス

● 校正
戸羽一郎

● 編集
松本理恵
（山と溪谷社）

● 取材協力
軽井沢書店
軽井沢高原文庫
ピッキオ

● 写真提供
アサマリゾート
荻野屋
軽井沢町農産物等直売施設軽井沢発地市庭
沢屋
ジャムこばやし
高峰温泉
天狗温泉 浅間山荘
中山のジャム
PIXTA
ピッキオ
星野リゾート
万平ホテル

● 参考文献
『軽井沢という聖地』桐山秀樹、吉村祐美（NTT出版／2012）
『軽井沢ものがたり とんぼの本』桐山秀樹他（新潮社／1998）
『草軽電鉄の詩』思い出のアルバム草軽電鉄刊行会（郷土出版社／1995）
『群馬の教科書』監修：河合 敦（JTBパブリッシング／2023）
『改訂版 鳥のおもしろ私生活』ピッキオ（主婦と生活社／2013）
『長野のトリセツ』昭文社旅行ガイドブック編集部（昭文社／2021）
『堀辰雄全集 第8巻 書簡』堀 辰雄（筑摩書房／1978）

初心者もウェルカム！

軽井沢の周辺散策と
浅間山を展望する
低山ハイク

軽井沢ハイク

2024年7月5日　初版第1刷発行

山と溪谷社編

発行人　　川崎深雪
発行所　　株式会社 山と溪谷社
　　　　　〒101-0051
　　　　　東京都千代田区神田神保町
　　　　　1丁目105番地
　　　　　https://www.yamakei.co.jp/
印刷・製本　株式会社 光邦

● 乱丁・落丁、及び内容に関するお問合せ先
山と溪谷社自動応答サービス　TEL 03-6744-1900
受付時間／11:00-16:00（土日、祝日を除く）
メールもご利用ください。
【乱丁・落丁】service@yamakei.co.jp
【内容】info@yamakei.co.jp

● 書店・取次様からのご注文先
山と溪谷社受注センター
TEL 048-458-3455　FAX 048-421-0513

● 書店・取次様からのご注文以外のお問合せ先
eigyo@yamakei.co.jp